人とつながる

# 「笑い」と「涙」の40年

恵庭で描く
地方大学の
プラットフォーム構想

渡部俊弘
Toshihiro Watanabe

丸善プラネット

# プロローグ

二〇一八年三月、東京農大（東京農業大学）の副学長の職を最後に、私は定年退職を迎えました。

同年七月に、東京渋谷にあるセルリアンタワー東急ホテルで退職記念パーティーを開いていただいたときには、「毎日香」で有名な日本香堂ホールディングスの会長兼ＣＥＯ、小仲正久《こなかまさひさ》氏が会のしめくくりに、こう挨拶してくださいました。

「日曜日の貴重な二時間を、お金を出して、大勢の皆さんにお集まりいただきました。ほんとに馬鹿な人が最後まで残っていらっしゃいますね」

いつもはたいへんな紳士でいらっしゃる小仲氏が、渡部の人柄でたくさんの方が集っていると、ジョークを交えておっしゃった。ウィットに富むことばで、私をほめてくださったことに感激したとともに、私のような不束者と、多くの方々とのご縁をつないでくださり、また、お付き合いいただいていることに、「感謝」の思いですごす毎日です。

二〇一八年四月以降は、新千歳空港に近い恵庭市にある北海道文教大学の学長として、大学の運営にたずさわっています。

私を招聘してくださったのは、日本私立短期大学協会事務局長を長年務め、短大から四年制大学へと組織改編をはかった私立大学の誕生に、多大な貢献を果たされた鈴木武夫《すずきたけお》先生です。

鈴木先生は、日本私立短期大学協会事務局長を務める一方で、当時から杏林大学や鎌倉女子大学など複数の大学で理事をなさり、大東文化大学では三期九年も理事長を務めていらっしゃいました。

さらに、北海道文教大学の前身である北海道栄養短期大学の理事も兼任し、八九歳になられた現在も、北海道文教大学の母体である学校法人鶴岡学園の理事長として、ご自宅のある東京と鶴岡学園本部がある北海道の恵庭市を往復しておられます。

さて、その鶴岡学園。大正時代に東京から札幌に移住した調理教諭にして料理研究家の鶴岡新太郎《つるおかしんたろう》先生と、同じく大正時代に新潟県から単身で札幌に移住した、元小学校教諭の鶴岡トシ先生が私財を投じて設立されました。

北海道栄養短期大学の前身は、一九四二年六月、つまり太平洋戦争勃発のおよそ半年後に開校した「北海道女子栄養学校」。日本で六番目に誕生した栄養士養成学校です。

その詳細は『北海道・栄養の母　鶴岡トシ物語』（佐々木ゆり著／ビジネス社）に記されていますが、明治、大正、昭和の戦後まで、意外にも北海道の内陸部の開拓農家の人たちは、厳しい気候の中で悪戦苦闘し、食うや食わずの生活だったそうです。

鶴岡夫妻は、栄養失調に苦しむ人々を救いたい一心で、私財を投じて栄養学校を設立しました。

しかし、一九六三年に栄養専門学校から北海道栄養短期大学への改組転換をはかった鶴岡学園は、昭和四〇年代になると、新校舎の建設による莫大な負債と学生の定員割れという事態を迎え、倒産寸前に追い込まれました。

地方の小さな私立大学にありがちな経営問題に直面したわけです。

先にご紹介した鈴木先生は、経営の立て直しに手腕を発揮され、その後、一九九九年に、四年制の北海道文教大学への改組・転換の陣頭指揮をとられました。その詳細は『大学心得帖』（鈴木武夫著／ビジネス社）に記されています。

私立大学の分野では全国的に名の知れた方が、他大学からの招聘を蹴って恵庭市にある小さな学校法人のために奮闘なさったのも、鶴岡夫妻の志に感銘したからだといいます。

鶴岡夫妻の志の高さには、関係者の人生を左右させるほど影響力があるのでしょう。

それは、「食と健康」という人類普遍の課題を基本理念に掲げていたからだと思います。

ところで、最近の私しか知らない人たちは、「渡部先生はビジネスマンのようですね」とおっしゃいます。ボツリヌス菌の研究で実験室に閉じこもっていた時代があったとは、誰も思わないようです。

人は、歳月とともに変わっていきます。

人と話すよりボツリヌス菌が産生する毒素タンパク質の構造機能を研究しているほうが楽しいと思っていた私が、ビジネスマン風に変貌《へんぼう》したのは、東京農大で産学官連携による地域活性化にどっぷり関わったからです。

その原点は、東京農大の松田藤四郎《まつだとうしろう》先生が遺《のこ》された「地域に根ざした研究をしなさい」という言葉でした。

産学官の地域活性化というと、ハードルが高そうに思えますが、実際に取り組んでみると、案外、夢中になれるものです。

ひとりでがむしゃらに走っても息切れしてしまうので、周囲を巻き込んで役割を分担します。さまざまな問題に直面して途方に暮れることもありますが、学生の成長や地域の変化を目の当たりにできる面白さがあります。

そうやって世の中が変わっていくのを実感してきた私としては、東京農大を定年退職した後に招かれた学校法人鶴岡学園北海道文教大学で、これまでの体験を活かした活動をすることがミッションだと思いました。

北海道文教大学がある恵庭市は、新千歳空港と札幌を結ぶＪＲ千歳線の中間点にあり、「恵まれた庭」の名前のとおり、、緑豊かで明治の開拓時代から農業が盛んな地です。アクセスも環境もよい、その恵庭市にある北海道文教大学には、人間科学部（健康栄養学科、理学療法学科、作業療法学科、看護学科、こども発達学科）があり、北海道外の出身学生も在籍しています。

最近は大学院に進み、リハビリテーション科学研究科リハビリテーション科学専攻（修士課程）、こども発達学研究科こども発達学専攻（修士課程）のそれぞれで、研鑽《けんさん》を積む院生も増えてきました。

そんな院生の中には、子育てをしながらこども発達学研究科に入り、小説家としても活動し、「シークレットブレス」で、二〇一八年の「第七回角川つばさ文庫小説賞金賞」に輝いた高杉六花《たかすぎりつか》さんのような方もいます。

また、国際学部国際コミュニケーション学科、国際教養学科（二〇二一年四月より外国語学部国際言語学科より改組、新設）では、コミュニケーション能力の高い、グローバル人材の育成を行っています。

さらに、二〇二一年度からは、札幌市内にあった北海道文教大学明清高等学校が、恵庭キャンパスに移転。名称も「北海道文教大学附属高等学校」と改め、従来の調理師養成コースの内容をより充実させます。

こうした特徴をもつ鶴岡学園が、人口約七万人の農工業都市、恵庭市とタッグを組んで産学官連携を進め、恵庭市で大学を中心としたプラットフォームモデルを示す地域学と人材育成の一助となればと思い、本書の出版を思い立った次第です。

北海道文教大学、東京農業大学、学生、産学官連携等で関わりのあった皆様には、この場をお借りして、深く御礼を申し上げます。

日本の再生には、地域の活性化が今こそ必要です。

そして地域活性化には、人と人をつなぐ人財育成が必要だと思います。本書では、私がこれまでの体験から学んだこと、伝えたいことをポイントごとに記していきます。

この本は、前出の佐々木ゆりさんにアドバイスをいただきながら執筆いたしました。これまでは、堅苦しい文章しか書いたことがなかった私ですが、清水の舞台から飛び降りたつもりで、楽しめる本にいたしましたので、お茶でも飲みながら気楽に読んでいただけると、幸いです。

さてと、プロローグはこのへんでお開きにして、本題に移るといたしましょう。

# 目次

## 第五章　人生初挑戦のフルマラソン



## 第六章　花のまち恵庭で、北海道文教大学発プラットフォーム

# 第一章

# ボツリヌス菌との出会い

## 初恋も大学受験も破れて、人生の大航海へ

人前で話をするとき、ズボンのポケットに片手を突っ込むクセがあった。

「渡部先生、いばって見えるから、それ、直そうよ」

と、教え子たちから何度も叱られた。

手を隠さなくてもしゃべれるようになったのは、つい最近のことだ。

若いころは、休日といえばゴロゴロしながら読書に耽溺《たんでき》し、家に閉じこもっていた。今は誰も信じてくれないが、北海道の田舎育ち。もともとは人見知りなのだ。

「かっこ悪いから、余計なことをいうな！」

これも教え子たちから止められているが、若き日の私は、国立大学薬学部の受験に二度も失敗した。

そうして三年目、二〇歳のときに滑り止めで入ったのが、私立の東京農業大学《とうきょうのうぎょうだいがく》（以下、東京農大）。しかも、短期大学部の栄養学科だった。

「国立大学ストレート合格」を信じて疑わなかった身としては、思いっきり落ちこぼれである。

一九七〇年代、短大は女子の行くところだった。男子学生が入る短大というと、自動車工学系や農業系などごく一部で、ましてや花嫁修業のための栄養学科という風潮《ふうちょう》のなか、一八〇名中男子学生二〇数名の、紅一点《こういってん》ならぬ緑一点《りょくいってん》。ふつうの二〇歳青年なら、可憐《かれん》な花に囲まれて幸せいっぱいだったかも知れないが、女性には緑のない私は、どうにも馴染めなかった。しかも私立の短期大学であることに、親兄弟はもとより高校の同級生たちの目は、恐《おそ》ろしく冷ややかだった。

暗黒の青春時代。その幕開けは高校二年生のときだった。

私が通っていたのは、北海道の苫小牧《とまこまい》市内でナンバーワンの進学校。たいがいの生徒は国立大学か有名私立大学を目指し、その中には声楽家を志していた憧れの美少女、Kさんもいた。

幸運にも彼女は同級生。学校祭のフォークダンスの定番、「マイム・マイム」で女子の手も握《にぎ》れなかった私が、ある日クラスの男子連中にそそのかされて、彼女を喫茶店に誘った。校則で喫茶店の出入りは禁止。優等生のKさんの返事は素っ気《そけ》なかった。

「なんで、喫茶店に行かなくちゃいけないの？」

「え～っと、あのぉ、Kさんとお話がしたいから」

しどろもどろの私に彼女はいった。

「じゃあ、教室で話してあ・げ・る」

喫茶店デートにはこぎ着けなかったが、初恋のマドンナと放課後の教室で話ができる。恋のはじまりとしては上出来だ。

ところが彼女は優等生。古くさい木製の机をはさんで向き合うと、彼女はトルストイやヘルマン・ヘッセを語り、とうとうオペラのことまで語り出した。私にはさっぱりわからない。

「わたし、音大に進んで、卒業したらウィーンに留学したいの。渡部くんは将来、どういうふうに生きたいの？」

シャイなくせにガキ大将だった私は、幼い頃からケガや喧嘩が絶《た》えず、母親には「平凡に生きることが人生の一番の幸せ」と諭《さと》されてきた。その教えをそのまま口にすると、「平凡な人生がいいだなんて、つまんないことというのね」と、一笑《いっしょう》された。

もじもじしている私に業《ごう》を煮《に》やしたらしく、彼女はあきれ顔でこう畳《たた》みかけてきた。

「渡部くんには、何かやりたいことはないの？」

どうせ最初で最後の〝デート〟だ。かっこいいことをいっておこうと思い、「学者になりたい」と答えた。学者がどういうものかもわからずに。

だが、一度口にした以上、学者を目指さなければ男が廃《すた》る。好きだった化学の授業で「苫小牧市が、苫東開発で化学系の企業が進出しているが、公害もあるのではないか」といったことが気になり、食品の公害問題で頭に浮かんだ学部が単に薬学部といった感じだから、二年浪人の末、東京農業大学短期大学部栄養学科に進むことになった。

とはいえ、進学校出身のプライドがある。私は一九七五年三月に短大を卒業すると、栄養士の資格をたずさえて、東京農大の農学部栄養科に編入学した。

短大の講義や卒業研究で実験らしいことを行っていたおかげで、学部での本格的な実験にもついていくことができ、仮説→実験→結果→考察《こうさつ》という一連の過程を見るのが面白くて仕方《しかた》がなかった。一九七三年のオイルショックの影響が尾を引いて、世間に就職難の嵐が吹き荒れていたというのに、朝から晩まで卒業研究にのめり込んだ。そして、気がつくと就職活動から取り残されていた。

「大学院の農芸化学を受けてみたらどうだ」

途方《とほう》に暮《く》れていた私を見かねたのか、それとも、こいつは研究者に向いていると思ったのか、卒業研究の指導教授だった西郷光彦《さいごうみつひこ》先生に背中を押されて、一九七七年四月に、大学院の農学研究科農芸化学専攻、栄養食品化学研究室に進んだ。

ここでの研究テーマは、うま味成分のイノシン酸を投与して生体代謝の影響を調べる研究だった。しかし、私がいた研究室の大学院生は他学科、もしくは他大学出身の学生が大半だった。学部の農芸化学科から進んできた人はおらず、農芸化学科内では、「外人部隊《がいじんぶたい》の研究室」と揶揄《やゆ》されていた。私は、短大からの成り上がり者だから、余計に風当たりが強い。いまに見返してやる！と何度思ったことか。ちょうど世間では、矢沢永吉《やざわえいきち》がブレイクしていた。

「オレ、博士課程《はくしかてい》に進みたいんだけど」

修士過程《しゅうしかてい》は二年間。その一年目のある日、父に電話をした。

「博士？　さらに三年間の大学院生活？　そんな金はない！」

周囲には、短大から学部に編入学して大学院まで進んだ者は一人もおらず、おまけに「外人部隊」である。何かと肩身の狭い思いを味わいながら、それでもがんばってきたというのに、また、落ちこぼれると思うと、目の前が真っ暗になった。

だが、捨てる神あれば拾う神あり。

西郷光彦先生に相談すると、就職して働きながら論文を書き、「論文博士《ろんぶんはくし》」になる道もあると教えていただいた。

余談になるが西郷先生は、西郷隆盛《さいごうたかもり》の弟、西郷従道《さいごうつぐみち》のお孫さんだ。

私の祖父は、福島県相馬《ふくしまけんそうま》の出身。戊辰《ぼしん》戦争で薩長《さっちょう》にこてんぱんにやられ、原始林に覆《おお》われた北海道の日高《ひだか》に移住した〝落人《おちうど》〟だ。その子孫の窮地に、薩長の子孫である西郷先生は一度ならず二度も救いの手を差しのべてくださった。

「日本私立短期大学協会の鈴木事務局長に会ってみないか？　鈴木さんは私の友人だ。北海道栄養短期大学の理事もやっているから、君のことを話しておくよ」

実は、この鈴木理事（先述の鶴岡学園理事長）も、福島県の浜通《はまどお》りにある広野町《ひろのまち》のご出身だ。

ついでに補足すると、現在のＪＲ飯田橋《いいだばし》駅そばにあった東京農大の前身「徳川育英会育英黌《いくえいこう》農業科」の創始者は、戊辰戦争、箱館《はこだて》戦争で薩長の新政府と最後まで戦ったヒーロー、榎本武揚《えのもとたけあき》公である。

偶然とはいえ、過去の怨念《おんねん》を引きずらない日本人の特性が、自分の人生にも少なからず影響したわけで、日本に生まれてよかったとつくづく思う。

## 人生最高のパートナーに出会う

一九七九年三月に修士課程を修了した私は、当時、札幌市内にあった北海道栄養短期大学（以下「栄短《えいたん》」、現・北海道文教大学）の助手になり、次いで講師になった。

北海道立衛生研究所への就職を目論《もくろ》み、西郷先生には「北海道に戻りたい」と訴えたつもりだったが、とりあえず働き口が確保できてひと安心。

栄短では教壇に立つ一方で、「ニシン漬《づけ》の味覚因子《みかくいんし》に関する研究」だの、「ホタテ貝を汚染《おせん》する低温細菌《ていおんさいきん》に関する研究」だの、「作物のカルシウム含有量におよぼす石膏質土壌《せっこうしつどじょう》改良材《かいりょうざい》の影響」だの、この短大でできる研究を進め、その成果をまとめようと思い、せっせと論文を書いていった。「女子短大生のコーヒーについての意識調査」なんていうこともやった。

やがて二〇代後半を迎えた私に、周囲は口々《くちぐち》にこういった。

「女子学生と問題を起こされたらたいへんだ。早く結婚しろ！」

私だって、恋のひとつもしたかった。東京農大時代には、「おまえもナンパしてみろよ。二回に一回は成功するぞ」と悪友にそそのかされていた。しかし、シャイな性格と研究室に閉じこもっていたことが、私の夢を阻んだ。相《あい》も変《か》わらず女性を前にするとあがってしまい、気《き》の利《き》いた言葉が出なかったのだ。

そんな私に、世話好きな周囲はいった。

「お見合いすればいいべさ」

そうだ、その手があった！

ところが、である。相手方には、「前途有望な学者さん」と伝わっていたはずなのに断《ことわ》られた。

どうやら見合いの席で、結婚後にどういう生活をしたいかと、尋ねられるたびに、「研究に没頭したい」と答えていたのがいけなかったらしい。

ただ、そのときは失敗の原因を究明する余裕がなかった。よせばいいのに、二回目も三回目も同じように答え、気がつくと一九回目。「今回の話はなかったことに」と、また、断られた。

見合い失敗歴一九回。

普通なら、とっくにめげているだろう。ところが私は研究者。何かにハマると納得《なっとく》できるまで突き進むオタク気質だ。嫁をもらうと決めたからには、絶対にあきらめない、と心に決めた。

一九八五年九月、仕事でお世話になっていたUさんが二〇回目の見合い写真をもって大学にやってきた。

「今度はこの女性、別嬪《べっぴん》さんだよ」

分厚《ぶあつ》い写真台紙を広げると、お決まりの着物姿で女性が写っていた。ふ〜ん、若いな。でも、どこかで見た顔だ。

まじまじと写真を眺めまわした。頭の中で、着物の上にジャージーを着せてみる。

「あ〜ッ!?」

「どうかしましたか？」

「この子、卓球部の教え子ですよ！　就職だって、ぼくが世話したんです」

私は、卓球部の監督を務めていた。道内《どうない》の大学では最強チーム。彼女はキャプテンで、全国大会出場時のエースだった。

「教え子にフラれたら恥《は》ずかしい」と辞退《じたい》する私に、Uさんはいった。

「じゃあ、ぼくがご両親の了解をもらって、結婚までの段取《だんど》りをつければいいんだな」

フラれたらどうしよう……。

返事をもらうまでの数日間は、生きた心地がしなかった。

「向こうは了解してくれたぞ」

にわかには信じられなかった。それから数日後、「こんなチャンスは二度とこない。善《ぜん》は急げ！」と、父に焚《た》きつけられて、私は彼女とふたりで、ご両親のもとを訪ねることになった。

運転席でハンドルを握る私と、助手席に座る彼女。札幌を出て彼女の実家がある北海道南部の町へと愛車を走らせた。

一〇月に先方の両親に会い、一一月三日に結納《ゆいのう》を交わし、三月に結婚式という予定だったが、札幌での結婚式で多くの人が集まるには、雪どけが終わり、準備が整う五月にとの提案があり、一九八六年五月に結婚式をあげた。

私は三四歳、嫁の和代《かずよ》さんは二二歳。高校三年のときにKさんにフラれて以来《いらい》、一七年越しの〝春〟だった。

私たちは、夏休みを利用してオーストラリアへ新婚旅行に出かけた。まさか、この旅が後《のち》に産学官連携《さんがくかんれんけい》プロジェクトのきっかけを生むことになるとは想像すらせず、ただただ鼻の下を伸ばして、デレデレのハネムーンを楽しんだ。


当然のことながら、結婚して私の生活は大きく変わった。

まず、メシを作らなくてもいい。嫁さんは栄養士にして料理上手。「北海道栄養短期大学」の運営母体である「学校法人鶴岡学園」の創設者、鶴岡新太郎先生は、道内では名の知れた日本料理の先生だったから、彼女は調理技術を徹底的に仕込まれていた。

そして何よりも私がうれしかったのは、卓球選手として全国大会にも出場した嫁さんは、バリバリの体育会系で、明るくて、強靱《きょうじん》な精神力と忍耐力の持ち主だったことだ。夫の帰宅が遅くても笑顔を絶やさず、ときには書類の整理なんかも手伝ってくれる。

私にはもったいないほど、よくできた嫁だった。

一九八七年、そんな幸せいっぱいの私に、東京農大第八代学長の鈴木隆雄《すずきたかお》先生から講師にならないかと知らせが入った。もとより東京農大で研究生活を送りたいと望んでいたから断る理由はどこにもない。

ただし、赴任先は一九八九年四月に、北海道の網走《あばしり》に開校する新キャンパスの生物産業学部（北海道オホーツクキャンパス）だった。

網走はオホーツク海に面している。冬になると海は流氷に閉ざされ、とてつもなく寒い。雪の降り方だってハンパじゃない。横殴りの風とともに荒れ狂う吹雪だ。しかも、札幌から特急列車で五時間以上もかかる距離だ。

土地勘もなければ、知人もいない。それは嫁さんにしても同じだったが、私たちは、とにかく札幌から網走に引っ越した。

## 生涯の研究テーマ、ボツリヌス毒素

「オホーツクキャンパスでは、地域に根ざした研究をしなさい」

私は、第九代学長の松田藤四郎先生に激励の言葉で送り出された。

松田先生は網走市の北にある紋別《もんべつ》市の酪農家の生まれだった。家業を継ぐつもりで東京農大に進んだ方だ。しかし、卒業後は大学院に進み、後身《こうしん》の育成に生涯を捧《ささ》げられた。

ひょっとしたら、自分が果たせなかった地域貢献という想いを、私に託したのかもしれない。ならば、いつか必ずその期待に応《こた》えようと心に誓った。

一方、新キャンパスでは井上勝弘《いのうえかつひろ》先生と出会った。東京農大に学び、北海道立衛生研究所で、長年、ボツリヌス菌の研究を行ってきた方だ。

北海道立衛生研究所で、井上先生らがボツリヌス菌の研究に着手《ちゃくしゅ》した一九五〇年代、その研究者の数は、日本はもとより欧米諸国でも数えるほどの少なさだった。現在も世界に一〇〇名程度の研究者しかいない。

ボツリヌス菌から産出される毒素は、自然界最強《しぜんかいさいきょう》の毒である。

少々、専門的な話をすると、ボツリヌス菌はクロストリジウム属の細菌で偏性嫌気性菌《へんせいけんきせいきん》である。

土壌《どじょう》や湖・沼・川などの泥の中で芽胞《がほう》という形で存在する。抗原性の違いでA〜G型の七型に分類され、ヒトに対しての中毒はA、B、E、F型である。また、ボツリヌス食中毒は毒素により汚染された食品を摂取することによって発症し、過去には、自家製鮭《さけ》の飯寿司《いずし》、真空パックのからしれんこん、真空パックのあずきばっとう、里芋の缶詰、瓶詰めのグリーンオリーブ、自家製の飯寿司などで食中毒事件が発生した。

ボツリヌス食中毒は、適切《てきせつ》な手当《てあて》を受ければ助かるが、重症化すると呼吸筋も麻痺してしまうため、呼吸困難を起こして命を落とすこともある。一九八四年に熊本県で発生したからしれんこんによる食中毒では一一名も亡くなっており、赤ちゃんがハチミツを食べ、乳児《にゅうじ》ボツリヌス症で亡くなったケースもある。一歳未満の乳児には、絶対にハチミツを食べさせてはいけない。

私は、なぜこのボツリヌス菌を研究対象に選んだのか？　という問いを振り返ると、まず、井上先生がこの研究では世界的な研究者であったこと、ボツリヌス食中毒の発症事例が北海道で初めて見つかったこと、また、「ボトックス」のように化粧、医療に使われていることなどがあったからだ。

井上先生は東京農大の教授として、ボツリヌス菌の研究を行う気がなく、金属酵素の研究をしようと考えていた。そして、その研究を研究室で、みんなでいっしょに行おうとしていた。

実は、ボツリヌス菌に関することにはまったく無知だったが、私は井上先生にボツリヌス菌の研究で学位を取りたいと願い出た。

「渡部君、ボツリヌス菌が産出する毒素タンパク質は、自然界では最強の毒素をもつ。この学部では多くの学生がいて、万が一の事故が起こったときを考える研究はできないよ」

一度は断られたものの、事故さえ起こさなければ問題はないはずだ。目の前に壁が立ちはだかると、逆にチャレンジしたくなる。

「安全性は確保して事故のないようにやります」

私は粘り強く井上先生に頭を下げて、ボツリヌス菌研究における井上先生の弟子《でし》になった。

「よっしゃー、これで博士号を取るぞ！」

研究室での日々がスタートした。

論文を読みあさり、井上先生と研究のディスカッションを交わし、自然界最強の毒素をつくるボツリヌス菌の、研究すべき、進むべき道がわかってきた。

ボツリヌス菌によって産出されるボツリヌス毒素は、亜鉛結合性《あえんけつごうせい》の金属プロテアーゼだということもわかった。この本の主旨からは外れるため、これ以上の説明は省《はぶ》くが、ボツリヌス菌の研究には遺伝子やタンパク質の構造解析が必要で、オホーツクキャンパスには、当時二台で約一億円するＤＮＡシーケンサーと、プロテインシーケンサーの実験機器が〝冬眠《とうみん》〟していた。

先生たちは誰も使い方がわからない。分野が違うと「オレ、わからない」のひと言でおしまいだ。しょうがないので、東京にある実験機器メーカーに研修を受けに行った。さらに、ボツリヌス毒素の嫌気培養から産出するボツリヌス毒素のタンパク精製を札幌まで行き学んだ。このとき、お世話になったのが大山徹《おおやまとおる》先生だった。

大山先生はたいへん優秀な方で、この数年後に井上先生に呼ばれて、東京農大の教授に就く。井上先生いわく、「おまえは馬鹿だから大山先生を呼んでやったぞ」ということだった。

今の若い研究者なら「パワハラだ！」と騒ぐかもしれないが、信頼で結ばれていたから、恩師の悪たれ口など馬耳東風《ばじとうふう》。井上先生が語るボツリヌス菌の研究エピソードも聞きながら、研究の流れを学んだ。

井上先生は、アカデミックな生き方と人生観、教育観も語ってくれた。そして、夕方、井上先生の帰宅時間になると、私のクルマで自宅まで送り、再び大学に戻って深夜まで研究をする。

ところが、ボツリヌス菌の産出する複合毒素がタンパク質であることが発見されてから五〇年ほど経った一九九〇年に、ボツリヌス複合毒素のひとつ、神経毒素が亜鉛プロテアーゼであることがわかり、これが毒素の本体であると証明された。そのため、この発見を境に、ボツリヌス菌を研究していた人たちが研究から手を引くようになった。

そして、ついに井上先生もやめるといいだした。

「先生、そんなことおっしゃらないでください。私はまだ学位を取ってません」

「ああ、そうだったな。早く成果を出せ」

胃がんで胃を全摘しながら、それでも母校の東京農大のために教壇に立ち続けてきた井上先生には申し訳ないと思いつつも、博士号は絶対に取りたい。私は体力と時間の許す限り研究室にへばりつき、「ボツリヌス菌の産出するボツリヌス毒素複合体の構造と機能に関する研究」を行い、その成果を研究論文としてまとめた。

ボツリヌス毒素は、神経毒素と非毒非血球凝集素と三つの分子量の異なる血球凝集素から構成されている。多くの研究者は、神経毒素に的を絞って研究を行っていたが、私たちは、神経毒素と無毒の四つの成分を含むボツリヌス毒素複合体の研究に視点を変えて研究した。これは後に、私の生涯の研究につながり、一九九五年にようやく博士号を手にした。

大学受験の失敗から二〇数年。エリート街道《かいどう》から落ちこぼれても、めげずに走り続けたごほうびだ。わがままなまでにマイペースを貫《つらぬ》く私を、温かく見守ってくださった井上先生をはじめ、周囲の諸先生、諸先輩には心から感謝した。

博士は、国際標準教育分類（International Standard Classification of Education）では、最高位のレベル八。博士号は知力《ちりょく》と努力と研究にかけた時間を証明し、名刺に「博士（Ph.D.）」がなければ、海外では研究者として評価されない。

一九九六年に、カナダ国立バイオテクノロジー研究所（モントリオール）に留学したときは、英会話が苦手でも「博士」の後《うし》ろ盾《だて》があったおかげで、新しい分野の研究に、博士研究員として研究チームに入ることができた。

さらにその後、自分の活動範囲が大学の外へと広がるにつれて、ますます「博士」の重みを実感させられることになった。

井上先生には、感謝してもしきれない。

## コミュニケーション能力抜群の型破《かたやぶ》りな学生たち

ボツリヌス菌の研究に没頭する一方で、私にも卒業研究における研究室での学生の指導や育成、さらに講義という職務《しょくむ》もあった。

一九八九年に網走に開校した東京農大オホーツクキャンパスは、網走刑務所の前を通過して山道を延々《えんえん》と進んだ先にある。自治体が設置経費や土地を提供する「公私協力方式大学」として誕生した。

もともとが大観山《たいかんやま》にあり、雑木林《ぞうきばやし》だったため、人里離れた感《かん》は満点。高級住宅街にある世田谷キャンパスとはまさに真逆《まぎゃく》の環境だ。徒歩で通う学生は、ほぼゼロ。通学の足は、一日に数本しか走っていない路線バスや愛車だ。

ここに置かれた学部は「生物産業学部」のみ。

現在は、「北方圏農学科《ほっぽうけん》」「海洋水産学科」「食香粧化学科《しょくこうしょうかがく》」「自然資源経営学科」と四学科あるが、開校当初は「生物生産学科（現・北方圏農学科）」と「食品科学科（現・食香粧化学科）」「地域産業経営学科（現・自然資源経営学科）の三学科、三二〇名だった。

いま現在、学生の多くは九州、関西、関東などからやってくる道外《どうがい》出身者だ。都会育ちの学生が多く、キャンパスを囲む草原の広がりと空の近さに、まず歓声をあげる。一期生たちもそうだった。

当時、網走市内には賃貸物件が少なかったこともあり、地方にしては家賃が高かった。ほとんどの学生は授業を終えると、バイトをしていたが、「網走番外地《あばしりばんがいち》」にわが子を送り出した親御《おやご》さんはさぞ心配だろうと、教職員は学生の私生活にも気を配った。

類《るい》は友を呼ぶとでもいうのだろうか。私を慕《した》ってくれた学生たちは、ひとクセもふたクセもある個性派ぞろいだった。

とくに、私が受けもっていた食品科学科（現・食香粧化学科）の一期生と、私が部長を務《つと》めていたホッケー部には、目を離したら何をしでかすかわからない、ヤンチャな学生が何人もいた。

私は、彼らの健康と健全な学生生活をサポートすべく、嫁さんに頼んで、毎晩のように学生たちをわが家に招いた。

「晩飯《ばんめし》を食いに来いよ。ただし、後片づけは手伝えよ」

学生は一人、また一人と増えて、多いときには三〇人近く集まった。

彼らは、食事を終えるとすぐに帰るから、リビングルームから学生があふれることはない。

「ゆっくりしていけよ」と声をかけても、

「ありがとうございます！　でも、これからバイトがあるんで」とかいって、男子学生は自分が食べた茶碗《ちゃわん》を台所に下げると、サッと消えた。彼らは、私に説教をされるのがイヤだったのだ。

授業中の態度、レポートの内容、部活《ぶかつ》の取り組み方、日常生活のあれこれ等々《とうとう》、私は口やかましかった。親代わりと思えばこその愛情あふれる説教だというのに、それを聞かずに帰るなど、まるで食い逃げである。

むろん、彼らにはそんな意識はない。メシは大勢で食べたほうがうまい。料理もうまい。メシ代も浮く。その程度の認識だっただろう。

そんな学生たちは、私が出張で留守のときも、わが家にやってきた。

嫁さんは二四歳。学生たちとは年齢もそう変わらず、仲間の家に集まる感覚で、ワイワイにぎやかに家庭料理を楽しんでいたらしい。

こうして晩飯コミュニティが平穏無事に続いていたある晩、出張先のホテルにいた私に電話がかかってきた。時計を見ると零時を回っている。

「どうした、こんな夜中に」

「あなた、すぐ帰ってきて！」

嫁さんは半べそをかいていた。

「落ち着け、何かあったのか？」

ドキドキしながら聞くと、予想外の事態だった。

「Hくんが病院から脱走したの。婦長さんから電話がかかってきて、すぐ病院に来いといわれたの。私、もう、イヤッ！」

盲腸《もうちょう》で入院中だったHが、手術を目前にして病院を抜け出した。彼は、その前にも自損事故でクルマを大破《たいは》させ、女性問題でも一波乱《ひとはらん》しでかしていた。

放《ほう》っておけと思ったものの、私は入院の保証人だ。放り出すわけにもいかず、病院に連絡した。婦長さんはカンカンだった。

「なんで、オレが怒られるんだ、あの馬鹿が！」

腹を立てても、当時は携帯電話がなく、行方はつかめなかった。Hは明け方に戻り、脱走事件は一件落着となった。

Hはどこへ行っていたのか？

後日《ごじつ》、本人を問い詰めると、しら〜っとした顔でこういった。

「ちょっと急用ができちゃって」

東京育ちで、ホッケー部のキャプテン。都会の香りとスポーツ男子臭《しゅう》をプンプンまき散《ち》らしていたHは、地元の女の子にやたらとモテた。脱走事件にはオンナの影あり、と、私は今も思っている。

だが、異性問題でトラブルをおこした学生はHだけではなかった。

一期生のひとりに、神奈川県の元暴走族《もとぼうそうぞく》だったというOがいた。

こちらは社会経験が豊富《ほうふ》なだけあって、入学早々《そうそう》に網走市内のスナックでバイトをはじめた。

歓楽街には地元の若い女性も集まる。網走市内に一校しかない有名大学の学生、そして都会派。彼も、モテモテだった。

Oは、地元の漁師《りょうし》さんと交際《こうさい》していた女性にちょっかいを出した。恋愛は両者合意のもとだから、その女性はOを選んだわけだが、フラれたほうは腹《はら》の虫《むし》がおさまらない。

「先生、Oが襲撃されました！」

ある晩、Oと同じアパートに住んでいた女子学生から電話が入った。

あわてて駆けつけると、玄関前にワラワラと地元の青年たちが群《むら》がり、何か叫んでいた。

「このやろー、オレの女を取りやがって！」

「出て来い、海にぶん投げてやる！」

近所の通報で、すぐにパトカーがきた。

もう三〇年以上も前のことだから告白するが、Oと襲撃集団は一網打尽《いちもうだじん》。全員、連行された。

逮捕《たいほ》されたら退学処分にされてしまう。私が身元引受人となって、その晩のうちに警察署からOを奪還《だっかん》した。

「おまえ、負けてんじゃねえよ！」

帰りしなにOを叱りつけると、「だって人数が多かったんです、先生」と、元暴走族とは思えないほどしょげ返っている。オホーツクの海を相手に生きている地元の若者たちのほうが、はるかに男振りがいい。Oには、よい経験になっただろう。

こんなふうに、ヤンチャな一期生たちは次から次と〝珍事《ちんじ》〟をおこした。触《さわ》らぬ神に祟《たた》りなしとばかりに、〝ヤンチャ連《れん》〟は教職員から敬遠された。私だって面倒の後始末は御免《ごめん》だ。けれども、当時の私には「学科主事」という肩書きがついていた。主事は大学と学生の橋渡し役だから関《かか》わらざるを得《え》ない。そして、珍事のたびに身元引受人として関係方面を走り回り、ペコペコ頭を下げて不始末を処理していたのである。

正直にいえば、彼らにはずいぶんと悩まされた。

遊んでばかりいるから成績だってよくない。その反面で、Hなどはスポーツ分野で活躍し、次章でご紹介する道山さんやOのように、行動力とコミュニケーション力で地域と大学をつないでいる者もいる。

パワフル＝枠に収まりきれない＝型破り

パワフル＝行動力＝生活・社会経験豊富

パワフル＝チャレンジ力

彼らを観察しているうちに、ぼんやりとだったが「個性の尊重」「多様性《たようせい》が生み出す力」「調和」という意識が、私の中で芽生《めば》えた。

そして実際に、パワフルで型破りな彼らは、網走経済のその後に、莫大《ばくだい》な利益をもたらすことになる〝ヤンチャ〟をしでかしたのである。

# 第二章

# 学生のホタテ養殖バイトが網走を変えた！

## はじまりは、陸上ホッケー部の遠征費稼ぎだった

東京農大のオホーツクキャンパスには、開校初年度《かいこうしょねんど》からホッケー部（陸上ホッケー、以下同）、硬式野球部、アメリカンフットボール部、ボート部、華道部、茶道部といった部活が用意されていた。

網走市内にも、隣接する北見《きたみ》市内にも、若者が遊べる娯楽施設はほとんどない。学生た

ちも積極的に部活に参加した。

ホッケー部の監督は、東京農大出身で事務職員として勤務《きんむ》し、学生時代に全日本メンバーとして活躍した青山秀隆《あおやまひでたか》さんだった。

彼がいれば全国レベルに育てられる。スポーツチームが強いと、大学のPR効果にもつながる。そう思った私は、自分をホッケー部の部長にと上司に申し出て、部長になった。こうして、未知のホッケー部へと飛び込んだ。

私は、北海道栄養短大卓球部を全道一のチームに、全国大会出場の常連校に育てた経験があった。北海道の大学の女子学生では、初めて留学生を栄短に呼び、昭和六三年、平成元年と全日本学生卓球選手権大会優勝者の李宏宇《りほんゆ》の監督を務めた。

当時の学部長であった谷村和八郎《たにむらわはちろう》先生から東京農大にも全国レベルの卓球部を作ってくれとお願いされたが、研究を主体的に行いたいと思って母校の東京農大に戻ったので、意にそぐわないだろうと迷っていた。そのとき、学内を見渡すと、かつてホッケーで日の丸を背負っていた青山さんが事務職員でいたのだった。

青山さんがいれば、ホッケー部は鬼に金棒《かなぼう》だ。

その青山さんが神奈川県・法政二校《ほうせいにこう》（法政大学第二高等学校《ほうせいだいがくだいにこうとうがっこう》）から引っ張ってきたの

が、"ヤンチャ連"のHこと、通称「ハセちゃん」と長野県赤穂《あかほ》高校身の「アメちゃん」だった。

ふたりとも産業経営学科だから講義では関《かか》わらないが、部活と私生活では家族同然の付き合いになった。

さて、残りの部員はどうしようか。

ホッケーは一一人制で、あと八人足りない。そこで、私の教え子である食品科学科の男女三名をマネージャーに誘った。彼らに部員を集めさせるのだ。

真っ先に狙われたのは、入学式の直後に行われた研修旅行で発見した、「とんでもなく光《ひか》った子」だった。

「千葉の高校ではずっとバレーボールをやってました。よろしくお願いします！」

彼女、道山マミさん（旧姓・中村）は、ひょろりと長身ながら、周囲を引きつけるパワーをみなぎらせていた。しかも、頭の回転が速そうだった。

私はすぐ、道山さんを誘った。

「女子が少なくて運動部は作れそうもないから、私、引き受けます！」

次に、茨城県出身の武藤真琴《むとうまこと》さんに声をかけた。

彼女の実家は、誰もが一度は口にしたであろう「キャベツ太郎」や「いか太郎」などで有名な駄菓子《だがし》製造の「菓堂《かどう》」。たしか、研修旅行では山のような駄菓子の差し入れがあった。

そして、もう一人は、神奈川出身の「クマさん」こと熊澤栄慈《くまざわえいじ》くん。浪人生活を送り、東京農大に入ってきた唯一《ゆいいつ》の成人だ。二浪で東京農大短期大学部に入った私といい勝負である。ただ、おとなしくてスポーツが苦手というのが気になった。

「おまえは年上《としうえ》だから、おとなの目でいろいろアドバイスしてやってくれ」

こういって背中を押すと、彼も二つ返事で引き受けてくれた。

これでホッケー部の基礎は固まった。あとはマネージャートリオの働きぶりを見守るだけだ。

「ハセちゃんとアメちゃんを核《かく》にすれば、今年中に全道《ぜんどう》大会に出場するのも夢ではない。誰でもいいから、スポーツ好きなやつを誘ってくれ」

私は、ボツリヌス菌の博士号論文を書くために研究もしなければならない。部員集めは三人に任せた。

ところが、なかなか人は集まらなかった。

結局、初年度はハセちゃんとアメちゃん、青山監督の三人が、「はなます国体秋季大会ホッケー競技」に北海道代表選抜チームの選手として参加するにとどまった。

そして、二年目。

今年こそは全道大会出場だと檄《げき》を飛ばすと、マネージャートリオは、あろうことか硬式野球部、サッカー部、ボート部、バドミントン部、応援団など他の運動部から屈強《くっきょう》そうな男子をレンタルしてきた。それでも頭数《あたまかず》がそろわず、しまいには、総務部という学生会組織からレンタルしてきた。

「寄せ集めのチームでうまくいくの？」と道山さんに聞くと、

「大丈夫です。ハセちゃんとアメちゃんが講師になって、まず、ルールを覚えてもらい、それから練習をはじめるので」

イロハを学ぶことからのスタートとは、先が思いやられる。まあ、青山監督もついていることだし、下手《へた》くそでもそれなりの形はできるだろうと思い直して、学生たちの自主性に任せた。

そうこうしているうちに、網走にも本州よりひと月遅れの初夏がやってきた。

全道大会の開催は一〇月。札幌市に隣接する江別《えべつ》市で開かれる。大会まで四か月をきったある日、道山さんが私の研究室のドアをノックした。

「渡部先生、遠征のお金をどうしようか考えたんですけど、みんなでホタテ漁《りょう》のバイトをやって稼《かせ》ごうと思います。やってもいいですか？」

顕微鏡《けんびきょうか》下のボツリヌス菌を観察していた私に、彼女はこう切り出した。

菌《きん》と金《きん》。同じキンでもまったく違う。

「金《かね》かぁ」

頭の中にあった細長い棒状のボツリヌス菌のイメージが、一万円札へと即座《そくざ》に切り替わった。

「ホタテ漁？」

「みんな、飲み屋さんでバイトしてるから、あんまり練習に出てこないんです。それなら朝は早いけど、ホタテ漁のほうがいいかなと思って」

「稼げるのか？」

「はい、時給がぜんぜん違うんですよ。網走って飲み屋くらいしかバイトできるところがないじゃないですか（当時）。それだって、時給は東京の半分くらいなんですけど、ホタテ漁は時給一〇〇〇円以上だそうです」

「へえ〜、それ、いいね。漁師さんも人手不足だっていうから大歓迎じゃないの。でも、授業とホッケーの練習とバイトをかけもちできるの？」

「それなら大丈夫だと思います。みんな元気だから」

ホタテ漁とは意外だったが、飲み屋でバイトするより健康的だ。私は彼女に聞いた。

「ツテはあるのか？」

「はい。去年、『劇団黒《げきだんくろ》テント』の網走公演があったとき、渡部先生に手伝いに行ってくれって頼まれたじゃないですか。そのとき知り合った漁師の息子さんから、ホタテ漁のバイトやらないかって誘われたことがあったんです。頼めばなんとかなるんじゃないかなと思って」

栄短《えいたん》時代の教え子に頼まれて、農大からボランティア学生を送り出した。仕事はポスター張りや会場設営などの単純作業。集まったボランティアは数回しか顔を合わせていなかったというのに、人懐っこい道山さんは、人脈をしっかり広げていた。

「ホタテ漁、東京農大の実学主義《じつがくしゅぎ》に合うし、みんなでやってみたら」

こういって背中を押すと、彼女はホッケー部の面々《めんめん》に声をかけていった。

## バイトで稼いでアクティブラーニング

都会育ちの学生たちにとって、海といえば潮干狩りか海水浴である。ホタテの貝柱《かいばしら》は食べたことがあっても、殻付きのホタテなど見たこともないような連中だ。

そんな彼らが、ジャージーの上下に胴付《どうつ》きのゴム長、ねじり鉢巻《はちま》きスタイルで、明《あ》け方《がた》三時前に起きて、下宿先から軽トラで港へ通いはじめた。

受け入れてくれた漁師さんの期待は意外に大きかったようで、後日、道山さんから聞いた状況は、こんな具合だった。

港に着いた彼らを待ち受けていたのは、漁業協同組合の組合長だった。

「女の人は船に乗せるなって昔からいわれてるべ。したから、漁師は自分のおっかちゃんも船に乗っけないんだけどよ、男は、船さ乗って作業できるべ」

なんと、初日《しょにち》から男子学生は船上作業を言い渡されたのである。

そして道山さんら女子学生には、

「女の子は、ホタテをカゴから取り出す作業だ。ほれ、その辺にプラスチックの箱があるべ。あれを逆《さか》さにして腰かければラクだしよ、船が帰ってくるの待ってろ」

学生たちはバリバリの浜言葉《はまことば》を聞くのも初めてなら、漁船に乗るのも初めてだった。

「すっげぇ〜、やっぱ北海道はスケールが違うわ」

「んだべ、都会じゃ絶対に味わえねえぞ。能取湖《のとりこ》はオホーツク海とつながってる天然の湾《わん》みたいな湖だ。ここいら辺《へん》はサンゴ草《そう》で有名なんだけどよ、秋になればそこいらじゅう、真っ赤な絨緞《じゅうたん》を敷いたみたいになるのさ。それを見たいって、観光客がいっぺえ来てよ、ホタテをうめえ、うめえって食《く》てくわけさ」

網走地方のホタテ漁は、全国屈指の水揚《みずあ》げ量を誇る。道山さんら東京農大のホタテ漁バイトは、サロマ湖と並び水揚げ量の多い能取湖でホタテ養殖《ようしょく》を行っていた能取卯原内《のとりうばらない》地区の「西網走《にしあばしり》漁業協同組合」ではじまった。

「あんたら、知床《しれとこ》にはもう行ったか？　あっこまで行くと、国後島《くなしりとう》が見えんだわ。知ってっか、国後島っていうのはよ、もともとは日本の領土よ。時々《ときどき》、ロスケの監視船とこっちの漁船がすれ違うんだけどよ、海に国境線なんて引いてないべ。したから、ロスケの船がこっち側で、日本の船があっち側を通って、あべこべにすれ違うこともあるのさ。おっかないよ、ロスケの監視船には銃《じゅう》を積んであっからな。むかし、根室《ねむろ》の貝殻島《かいがらじま》で昆布《こんぶ》とってた船が銃撃《じゅうげき》されてよ、漁師が死んだこともあったな」

東京農大の学生たちがホタテ漁のバイトをはじめた一九九〇年頃には、「ペレストロイカ」の影響で、オホーツク海での漁船の拿捕《だほ》件数も一時期より減っていた。

だが、オホーツク海で漁をする船には、絶えず監視の目が光っている。現《げん》に、二〇〇六年にもロシアが自国領土と主張する海域で、日本漁船が銃撃を受けて甲板員《こうはんいん》がひとり亡くなっていた。

沿岸のホタテ漁では拿捕の心配はないが、国境線を意識することなく育った学生たちには、国際情勢の一端を聞かされるだけでもかなり刺激になったはずだ。

そして、漁師さんたちは実に親切だった。

「あんたらはホッケーやってんだべ。ホタテのカゴを引《ひ》き揚《あ》げると筋力つくぞ。稼《かせ》いで、筋力ついて、ホッケーも強くなる。飲み屋のバイトよりよっぽど健康的だべや。うちの母ちゃんがメシ用意してくれてっから、仕事終わったら食《く》ってけ。がんばれよ！」

いつもこんな声援を送ってくれたそうで、初日から温かく迎えられた学生たちは張《は》りきった。

ところが、バイト三日目に事故がおきた。

授業を受けてからホッケーの練習をして、その後はスナックでバイト。そのまま寝ないでホタテバイトをしていたハセちゃんが船から落ちたというのだ。

夏だったから大事に至《いた》らなかったものの、以後《いご》、学生の船上作業は漁師さんの判断で禁止になった。といっても、私は当初から学生には船上作業をさせないよう伝えていたのだが。

実は、私は船上作業のことをつい最近知った。道山さんは「もう時効だから」と、この本を書くにあたり、初めて私に打ち明けてくれた。

「ハセちゃん、三日も徹夜して船に乗ってたんです。それでヨロヨロしながら作業していたときに、タコが当たったんです、べちょ〜んッて」

「タコ〜？」

「はい、ホタテのカゴを引き揚げたときに、カゴにくっついてたタコが、甲板《かんぱん》で吹っ飛んだんです。カジカじゃなくてよかったですよね、トゲトゲがあるから」

もし、当時、報告を受けていたら、「東京農大学生×網走ホタテ漁」連携は、三日で終わっていただろう。なぜなら、学内では反対の声もあがっていたのだ。

道山さんらがホタテバイトをはじめる前に、私は学内の了解をとっておいたほうがよいと考えて、会議の席で報告した。

「ホタテ漁を手伝って遠征費《えんせいひ》を稼ぐ？　そんなこと、いくら実学主義の農大でも過去に例がありませんよ」

「たしかにおっしゃるとおりですが、世田谷《せたがや》とは生活環境がまるっきり違うので、網走《あばしり》の環境に合わせた学生バイトだと思います」

「妙案《みょうあん》だと思うが、都会育ちの学生に何ができる？」

「そうそう、漁網《ぎょもう》に引っかかって転んでケガをするとか、事故にでもあったらどうする？」

「だいたい、漁師さんだって困《こま》るでしょ、何もできない学生が来ても」

年《とし》かさの教授たちは次々と不安材料を口にした。「老害だ」と内心で思いながら私は反論した。

「何事もやってみなければ先へ進めません。それに、漁師さんだって最初のうちはベテランから教えてもらって仕事を覚えていくんですから」

私の熱意が通じたのか、それとも会議のあとに飲み会の約束でもあったのか、教授のひとりがこう助言してくれた。

「渡部くん、そんなにやってみたいなら、漁協に相談してみたらどうかね。その上でもう一度、検討しましょう」

しかし、ホッケー部の青山監督といっしょに漁協を訪ねると、再び同じような意見が出てしまった。

「人手があればうれしいけど、都会からきた学生はなんもできんべさ。浜《はま》の仕事は、なまらきついんだよ」

「たしかにそうでしょう。だけど、うちの学生は根性《こんじょう》がありますから」

「そったらこといっても、仕事を教えなきゃなんないべ。ただでさえ忙しいのによ、面倒だべや」

「いやいや、そこを何とか」

「そんなにいうなら頼まれてみるけどよ、男は船に乗ってもらうよ」

「船ですか?」

「そーだ」

「え〜ッ、危なくないですか?」

「危ないかどうかは、先生が一回乗って決めればいいべさ」

翌朝、青山監督とふたりでホタテ漁の船に乗せてもらった。漁船に乗るのは初めてだった。網走の中心部からクルマで三〇分ほど北にある能取卯原内漁港《のとりうばらないぎょこう》からの出漁《しょつりょう》だ。能取湖は約五八平方キロメートル。国内では一三番目の広さだ。約六六九平方キロメートルもある琵琶湖には遠くおよばないものの、広々とした風景が、いかにも北海道らしい。湖面《こめん》を疾走《しっそう》する船の甲板《かんぱん》を初夏の風が吹き抜け、このうえなく爽快だ。

ところが、ホタテ養殖のカゴを海中から引き揚げる作業がはじまると、学生バイトの課題がいくつか見えてきた。思いの外《ほか》に船が揺《ゆ》れたのだ。しかも、引き揚げ作業は素早《すばや》い動きで連続する。都会育ちの学生がついていけるスピードではなかった。

学生は船に乗せない。

バイト開始前の視察ではこう約束した。それが三〇年もたって道山さんから事実を聞かされることになろうとは……。苦笑せずにはいられない。

私たち教員の心配をよそに、道山《みちやま》さんら学生たちは、落水《らくすい》で地上勤務を命じられてもホタテバイトに励んだ。

「どうだ、ホタテバイトは？」と、道山さんに声をかけると、

「はい。漁師さんたちは軽トラを貸してくれたり、お茶を入れてくれたり、すごくやさしくて、みんな楽しんでやってます。人数が足りないので、他の人たちにも声をかけてみます！」

彼女は毎回、満面《まんめん》の笑みで答えた。こうして、パワフルな彼女の努力の甲斐《かい》あって、学生たちは夏休みに入ると、こぞってホタテ養殖を手伝いはじめた。

ホッケーの練習は作業を終える九時以降。ホタテ臭いゴム合羽《がっぱ》から汗臭いユニフォームに着替えての練習だった。

ホタテバイトの疲れも見せず、グラウンドを駆け回る学生たちのたくましさに、私は心から声援を送った。なにをかくそう、私自身は肉体を酷使《こくし》するホタテバイトもホッケーも絶対にやりたくない。得意の卓球も、栄短《えいたん》の監督時代で卒業し、ゴルフもお付き合い程度。「ボツリヌス菌命《いのち》」とばかりに、研究室に引きこもる私を信頼して、学生たちは寄せ集めの「ホタテ漁ホッケー軍団」でがんばっているのだ。全面的に応援するのが、筋《すじ》というものである。

彼らは、バイト代でホッケー用のユニフォームやシューズを買い、大会開催地の札幌ま

での交通費・宿泊費などを用意した。なんと、週に一〇万円単位で稼いでいたのだ。中には中古のクルマを買った者もいる。他大学を中退して農大に入り直した成人の道山さんは、稼いだ金で飲み歩き、夜の街に還元《かんげん》するという経済貢献もしていた。

そんなこんなで、彼らは初めて全道大会に挑んだ。

その結果は、まさかの優勝！

ホタテ漁で鍛《きた》えられた筋力とチームワークの賜物《たまもの》である。

さらにいえば、漁師さんのところで握り飯や稚貝《ちがい》のみそ汁、昆布の佃煮、イカ、タコ、サケなんかもご馳走になっていたというから、食生活が充実して、スポーツ選手に欠かせない栄養素がとれていたことが優勝に寄与した。

選手はもちろん、関係者一同が「ホタテ力《ぢから》」の凄《すご》さ、ひいては一次産業における若者の育成力《いくせいりょく》を実感した。

## 女子学生の夢が網走の地域経済を変えた

ところで、道山さんは仲間をホタテバイトに巻き込む前年、つまり一年生のときに、ビートの苗を植えるバイトを経験していた。彼女は、農業をやりたくて東京農大に入った。

「農家でバイトしたい」

彼女は周囲にアピールし続けた。そんなあるとき、女性問題で乱闘騒ぎをおこしたOから、先進的な農業に取り組んでいた青年を紹介された。

Oは、入学早々《そうそう》からスナックでバイトをはじめ、店に集まる地元客と新参《しんざん》の農大生のパイプ役として一目《いちもく》おかれた存在だった。

「うちの店に今、Fさんがきてるぞ」

F氏は農家の人だ。道山さんはすぐスナックに向かった。そしてF氏から網走周辺の農業事情とF氏の夢をたっぷり聞き出した。

当時、網走周辺では砂糖原料のビート、秋蒔《あきま》き小麦、ビール原料の大麦、デンプン原料用の馬鈴薯《ばれいしょ》などを作付《さくづ》けしていた。

そのような中で、F氏は周囲の嘲笑《ちょうしょう》をものともせず、今では特産品となったサクランボの栽培にいち早く着手した。

目を輝かせて話を聞いていた道山さんに、F氏は「政府の価格支援政策に乗っかって、ビートや麦ばかり栽培してはダメだ。農業とはそういうものではない」と熱く語った。

夢を語る男はカッコいい。Ｆ氏の農業思想にすっかり魅了《みりょう》された道山さんは、いてもたってもいられなくなり、

「どっかでバイトできませんか？」

と、Ｆ氏に頼み込んだ。

「ビートの苗を植える補植《ほしょく》のバイトならあるよ」

「やります、やります、紹介してください！」

こんなやりとりがあり、彼女は一九八九年に農業バイトにチャレンジした。

今でこそ「農業女子」なんていう言葉もあるが、当時は、「農家を継《つ》ぐ」「農家に嫁《とつ》ぐ」「農業をやってみる」などという若い女性は、絶滅危惧種に近かった。

道山さんは、若い女性の間で流行《はや》っていたボディコンファッションには見向きもせず、ジャージの上下に農業帽をかぶり、首からタオルを提《さ》げて、農家のおばちゃんたちと汗を流した。

「東京農大の学生さんは都会育ちだから、学校で勉強ばっかりやってんだべさ」

こう思っていた地元の人たちは、この〝農業女子〟出現にびっくり。「農大生は案外使

える」と、またたく間にうわさが広まった。

「人手が足りないから、他の農大生もきてくれないべか？」

農家の人から相談を受けると、イヤとはいえないのが道山さんの性格だ。

「わかりましたッ、みんなに聞いてみます！」

というわけで、手当たり次第に声をかけているうちに、どんどん学生の農業バイトが増えていった。一九九〇年からはじまった学生のホタテバイトは、このような伏線《ふくせん》があってスタートしたのである。

やがて道山さんは地元の農業・漁業者のあいだで「農大の元締《もとじ》め」として、学生バイトの手配を任されるようになった。

そして、学生たちは早朝から農家だ、ホタテだと手伝いに行くようになり、数時間働いてから授業にでるようになった。

学生たちがバイトに精《せい》を出す一方で、私は地元のライオンズクラブや市役所の関係者などが集まる場で、「学生農業・漁業」のことを報告した。すると、今度は農協や漁協からバイト依頼が舞い込むようになった。

そうなるとホッケー部だけでは対応しきれない。そこで野球部やサッカー部など他の運動部や文化系の部にも声をかけ、「農業バイト」「漁業バイト」が本格的にはじまった。

「網走キャンパスの学生は、親の仕送りがなくても生活できる。ただし、一限目の授業は、みんな眠っているけどね」という笑い話もあるほどだ。

「おい、そこ、居眠りするな！」と教員に叱られても、本人は夢の中。

ホタテバイトの学生たちにいたっては、教室中にホタテ臭《しゅう》をまき散らしながら、グーグー、スースーだ。

学生にあるまじき態度と思われるかもしれないが、学生たちはレポートもちゃんと提出するし、単位はとっている。当初は反対した教授陣も、学生バイトには寛容《かんよう》になっていった。そんな中には、一〇〇人中五人しか出席していないのに、九五人分の代返《だいへん》に目をつむった心やさしい先生もいた。

## 学生バイトで一三五億円、農漁業の人手不足解消へ

東京農大の学生バイトは、その後、どんどん規模が拡大し、漁協や農協ごとに担当する部活が割り当てられて、現在も効率よく回っている。

東京農業大学生活協同組合が発行している学生向け冊子『いしころ　2018』に掲載されたアルバイト情報には、次のように紹介されている。

★農業バイト★

時給一〇〇〇円で働きながら、農業を学べる一石二鳥のバイトです。バイト終わりにお土産として野菜や果物をもらえることも。

★漁業バイト★

＊水揚げバイト

＊ホタテバイト

日本のホタテの約八〇パーセントを生産する、オホーツク海でのバイト。時給一二〇〇円前後の今人気なバイトです。

ホタテの稚貝《ちがい》の放流時には、八五〇名もの学生が参加したこともあった。この数は、在学生のおよそ半数にあたる。

二〇一七年に、東京農大が「北海道二十一世紀総合研究所」に依頼した調査結果によると、網走市での農大学生バイトによる生産額は、漁業四五億円、農業九〇億円。学生の三〇パーセントが漁業で、五〇パーセントが農業でのバイト経験者だ。

網走市の人口は約三万六二〇七人（二〇一八年一月一日現在の住民基本台帳人口）。高齢化率は北海道一七九市町村の中で一五〇位だが、それでも三〇・五パーセントと高い。いまや農大生抜きでは、地域の一次産業は成り立たないといわれるほどの貢献度だ。

女子学生の小さな一歩がこんなにも大きく育つとは、私自身も驚いている。

農業バイト、漁業バイトを経験した学生の中には地元に残った者が少なくない。就職先は漁組《ぎょくみ》、農協、産業振興関連の研究機関、網走・北見地方の自治体などで、地元の金融機関に就職した者もいる。

バイトが出会いの場になったのか、漁家や農家に婿《むこ》入りした者、嫁に行った者もいて、跡継《あとつ》ぎ問題にも貢献している。

オホーツクキャンパスから巣立った学生数は一万人以上。学科により就職先は異なるものの、開校当初からある「生物生産学科（現・北方圏農学科）」の場合でいうと、平成三〇年度卒業生で農業に従事した者は八・三パーセント、サービス業・協同組合等は一一・五パーセント、林・水産・鉱業は一パーセントであった。

仮《かり》に毎年一〇名程度がオホーツクエリアに残ったとすると、三〇年間で約三〇〇名もの卒業生が地域で活躍していることになる。

地元で結婚して子どもも生まれており、地域活性化を目的とする「公私協力方式大学」の役割は果たしてきたと言える。

それに何より注目すべきは、専門的な知識を身につけた卒業生が農業、畜産業、漁業、農業協同組合、漁業協同組合、自治体などに入ったことで、異分野の一次産業同士、一次産業と自治体の連携がスムーズになり、発想の幅も広がったことである。

東京農大出身者は、タテだけでなく、ヨコのつながりが強い。初対面でも、卒業時にもらう農大カラーの緑色の皮製名刺入れを相手がもっているのを見つけると、「東京農大ですか！」と、たちまち親しく言葉を交わし、ビジネスに発展することもある。食品関連の見本市会場では、よく見かける光景だ。

ただでさえそんな調子なのだから、「網走のために」「オホーツクのために」何かしようと声をかけると、オホーツクエリアに定住した卒業生たちは、一丸《いちがん》となって活動しはじめる。

たとえば、地域の魅力を伝えるために、地元の子どもたち向けの体験型イベントが二〇一八年に開催された。一日で農業、漁業、バードウォッチングなどを体験しようという盛《も》りだくさんの内容で、各会場を仕切ったのが、それぞれの分野に就《つ》いた東京農大卒業生だった。そして、全体を統括したのが、あの道山さんだった。

彼女は、農大を卒業すると西武百貨店に就職し、その後、「ＪＩＣＡ（ジャイカ）青年海外協力隊」に参加してネパールへ向かう。そこではリンゴ栽培や食品加工に関わった。帰国後は、埼玉県で大学時代の同期と結婚して二児の母となり、お子さんたちが小学生のときに網走に移住。現在は、地元産の野菜を使った漬物製造業「大地のりんご」を経営。その一方で、「Connectrip（コネクトリップ）」という名称で、イベントを通じての地域情報の発信活動を行っている。

大学と地域の連携による町おこしでは、そこに関わった学生も、将来の地域の担い手として育成できる可能性がある、道山さんはその典型的なモデルといえるだろう。

図１：オホーツクキャンパス開校当初のホッケーチーム

# 第三章

# 神の鳥「エミュー」、雪原を駆ける

## 先住民アボリジニの地で神の鳥に出会う

一九八五年、私は嫁さんと新婚旅行《しんこんりょこう》でオーストラリアへ行った。シドニー、メルボルン、キャンベラ、ケアンズなど主要都市をくまなく周《まわ》り、オプショナルツアーで先住民のアボリジニが経営するエミュー牧場に出かけた。

エミューがどんな鳥なのか、よく知らないままに参加したので、草原をダチョウのような鳥が駆《か》けているのを見て仰天した。

「なんだ、あの鳥は？」

思わず声をあげた。すると、牧場のガイドさんが待ってましたとばかりに説明をはじめた。

「あれがエミューです」

「ダチョウじゃないんですか？」

「ええ、似ていますが、エミューはヒクイドリの仲間です」

「飛べるんですか？」

「いいえ、飛べません。その点はダチョウと同じですね。でも、エミューの趾《あしゆび》は三本で、ダチョウは二本です。からだもエミューのほうが小さいですね」

「エミューって、人懐っこいの？」

「ええええ、性格はおとなしいですね。飼育しやすいので、オーストラリアにはこのようなエミュー牧場がたくさんあります。私たちは、遠い祖先の時代からエミューのオイルを傷や筋肉痛《きんにくつう》の治療に使っていたんですよ」

カンガルー、タスマニアデビル、コアラ、ディンゴ、オーストラリアペリカンなどオーストラリア大陸は固有種が多い。エミューもそのうちの一種だという。先住民のアボリジニといえば、かつては洞窟《どうくつ》で暮らし、狩猟採集で生きてきた人々だ。

「ブーメランで捕《と》ったのかなあ？」

「さあ、どうでしょう。でも、一九三〇年代には移住者によってかなり殺戮《さつりく》されたそうです。その反省なのか、今はオーストラリアの五〇セントコインにエミューとカンガルーが描《えが》かれていますけど」

ガイドさんはこういってコインを見せてくれた。

「エミューは、オーストラリアの国鳥《こくちょう》です。アボリジニは、エミューを天の川にも描きました。南十字星《みなみじゅうじせい》から暗黒星雲《あんこくせいうん》のコールサックのあたりが頭部で、さそり座のあたりが足です」

私は夜空を見上げてロマンチックな気分に浸《ひた》ることもなければ、生きものに関する知識もなかった。それでも広々とした草原を駆け回っているエミューの群《む》れを見ているうちに、ホルスタインがのんびり草を食《は》む北海道の牧場風景が目に浮かんだ。

「エミューの肉は食べられるんですか？」

「はい、アボリジニの食料でした。卵も食べられます。現在、牧場で飼育されているエミューも食肉、オイル、卵、羽毛《うもう》や皮を使ったアクセサリーなどの小物製品の材料になっています。エミューは捨てるところがないんです」

捨てるところがないとは、まるで鮭《さけ》のような鳥だ。

私の故郷の北海道・日高《ひだか》地方には、アイヌ系の人たちが多い。アイヌの人々も、鮭を「カムイチェプ（神の魚）」と呼び、身を食べ、皮で靴や服をつくり、あますところなく使ってきた。

自然と調和をはかりながら生きてきた先住民族には、モノ至上主義《しじょうしゅぎ》の現代社会にはない智慧《ちえ》が残されている。そんなことを考えていると、

「エミューは神の鳥です。お土産にエミュー製品を買われてはどうですか？　卵の殻を使ったエッグアートはとても美しいし、エミューオイルは肌にもよいというので、女性に人気なんですよ」

と、ガイドさんに勧《すす》められた。

卵の殻《から》は割れてしまいそうなので遠慮《えんりょ》したが、オイルは小瓶《こびん》で売られている。アボリジニが伝統医療に取り入れてきたというのだから、よいものに違いない。嫁さんが使ってみたいというので数本購入し、エミュー肉のステーキも食べてみた。肉は赤身《あかみ》で臭《くさ》みもな

く、嫁さんも私もペロリと平《たい》らげた。

ただ、そのときはあくまでも新婚旅行のワンシーン。エミューとの縁はそれっきりになった。

## 人口爆発と食糧危機問題で閃《ひらめ》いた地域活性化プラン

私はどんなに忙しくても、学生時代からの習慣で日経新聞だけは隅《すみ》から隅まで毎日、読んでいる。

一九九〇年代のあるとき、世界の人口爆発問題に関する記事が掲載《けいさい》された。

一九九八年頃の世界人口は約六〇億人。一九五〇年からわずか四八年で三五億人も増えた。二一世紀の半《なか》ばには九〇億人を突破《とっぱ》する勢いだという。

小麦や大豆をはじめ、家畜飼料や養殖魚《ぎょ》のエサも輸入に頼っている中で、中国、インド、インドネシア、アフリカ諸国などの人口が増え続けると、日本への輸出が止められてしまうかもしれない。現《げん》に、一九九八年の時点でも、世界の八億人が飢餓状態《きがじょうたい》にあった。

食糧自給率をもっと上げれば、人口爆発問題に頭を抱えることもないだろう。

人口爆発と食糧危機問題。この二語《にご》が頭から離れなくなっていた。

一方で、一九九〇年代になると、メディアが少子高齢化問題を取り上げるようになった。当時はまだ高校生も多かったから、定員割れに戦々恐々《せんせんきょうきょう》とする大学もなく、私自身も少子化を対岸の火事のように傍観《ぼうかん》していた。

ところが、北海道の日高町にある実家に正月休みなどで帰省すると、年を追うごとにシャッターを閉じたままの商店が目立つようになっていった。その多くは、後継者不足と近隣にできた大型スーパーによる客離れが原因だ。

通りを歩く人も減り、廃《すた》れていく故郷の姿に心が痛んだ。だからといって、自分がUターンして故郷の人口増に貢献するということもできない。

人口が減っても、生産性の高い産業があれば、地域の活性化は可能だ。地域の経済が回っていれば、UIJターンも増えるだろうし、託児所や保育園の数も増やせる。そうなれば、子だくさんを望む若い世代も増えるだろう。

もっとも、仮に現時点で出生率が上がったとしても、当面《とうめん》の高齢率は変わらないそうだが、一九九〇年代の私の頭の中では、人口爆発と少子高齢化問題がトピックとなっていた。同時に、網走キャンパスに着任したとき、「オホーツクキャンパスでは、地域に根ざした研究をしなさい」と、松田藤四郎学長から贈られた言葉が脳裏をかすめた。

一九九六年頃だったか、道北《どうほく》地方の下川町《しもかわちょう》に移住してきた青年がエミューの飼育をはじめたというニュースを耳にした。

ふと、オーストラリアのエミューを思い出した。

南半球から北半球にピューンと神の鳥が飛来して、北海道農業の大切さの起爆剤《きばくざい》となり、視点を変えた考え方の導入、生産から加工、流通、販売による地域活性化に役立ってくれるという、今でいう六次産業化のストーリーを思いついた。

「エミューは性格がおとなしいらしいから、年寄りでも飼えるかもしれない。定年退職して、暇《ひま》をもてあましている年寄りはたくさんいるし、網走あたりの家はどこも庭があるから家庭でも育てられる。

卵や肉は食料にして、羽毛は何か適当な製品を作り、オイルはオーストラリアのように瓶詰めにして売ればいい。農家だって、小遣《こづかい》稼ぎになるし、そのうち、事業化しようという人だって現れるかもしれない」

研究費の予算を組むことはできても、経営の知識がまるっきり皆無だった当時の私は、無謀《むぼう》なアイディアを思いつき、ひとり悦《えつ》に入《い》った。

そして、この思いつきを網走市内で写真館を経営していた株式会社写真工芸社《しゃしんこうげいしゃ》の中山富《なかやまふ》士男《じお》社長（現代表取締役会長）に話した。中山氏は、社会貢献で網走ライオンズクラブに入り、長年、東京農大のホッケー部を支援してくださった方だ。

「人口爆発、食糧不足という問題を考えると、食糧自給率が二〇〇パーセントの北海道は日本の台所としてますます重要になってくる。だけど農業も漁業もなり手が少ない。その一方で高齢者はこれから増えていく。エミューなら体力がなくても飼育できるというし、牧場を増やして、エミュー肉をタンパク源にする。オイルも製品化すれば売れるから採算は合うと思うんですよね」

エサや設備にかかるお金のことなどまったく考えず、私は蕩々《とうとう》と夢を語った。

何かに興味が向くと、その頃の私は、現実的な問題を考えようともせず、突っ走《つっぱし》った。中山氏にとっては迷惑きわまりない話だったと思う。しかし、中山氏は私の話に耳を傾け、土地の提供、牧場の建設と運営を引き受けてくださった。

## 補助金と寄付金でエミュー・プロジェクト開始

二〇〇〇年の春、エミュー牧場が網走市郊外に完成した。

敷地面積《しきちめんせき》は四五〇〇坪もあり、雑木林《ぞうきばやし》に囲まれた静かな環境である。

プレハブの飼育小屋と、学校のグラウンドほどの広さの放牧地には、フェンスを巡らせ、脱走やキタキツネやエゾシカなど野生動物の進入を防いだ。

エミューは、中山氏が調達《ちょうたつ》した。どういうルートで網走に来たのか、私はよくわからないのだが、四組のつがいが牧場に放された。

到着の知らせを受け、学生や他の先生たちと牧場へ行くと、〝エミューご夫妻〟たちは、のんびりエサをついばんでいた。

「渡部先生、こっちに来てください。近づいても逃げないですよ」

先に到着していた学生のひとりが、手招《てまね》きをした。

「ええ～ッ、いいよ、私はここで見るから」

「さわっても平気ですよ」

「いいって、いいって。オレ、動物苦手《にがて》なの」

その場にいた全員が凍《こお》りついた。

実をいうと、私は犬も猫も鳥も、動物のたぐいは怖《こわ》くて近寄れない。子どものころ、野犬《やけん》にかまれた。それも、自転車に乗っていて五回も野犬に追いかけられたのだ。学生時代から実験でさんざんラットやマウスを扱《あつか》ってきたが、本当は、それさえイヤだった。

「というわけで、エミューの飼育は牧場の人とキミたち学生に任せる。私は、エミューの飼育実験で補助金がとれないか検討するし、産学官連携の事業に発展させたいと思うから、実務的なことを進めていくよ」

かくして、私にとっては初めてとなる産学官地域活性化の取り組みがスタートした。

エミュー・プロジェクトの事業資金は、中山氏の寄付に加えて、網走市、内閣府、経済産業省、文部科学省などの補助金も活用した。

補助金の公募があると、私はまず主旨内容を全部読み、その意図を把握する。

申請書を書く際は、産業に役立つ、基礎研究に役立つなど、本質的なことを目標にすると選ばれやすい。エミュー・プロジェクトでは、補助金の総額は四〇〇〇〜五〇〇〇万円だったと記憶している。

さて、エミューたちは氷点下《ひょうてんか》二〇度の寒さにも大雪にも耐え、雪におおわれた牧場内を駆《か》けた。

しかし、増産の道は予想以上に厳しかった。

まず、期待していたほどエミューは卵をたくさん産まなかった。

気温の低い北海道では四~六月が産卵期。きっと、ニワトリのようにポコポコ卵を産んでくれるのだろう、と勝手に思い込んでいた。

ところが、メスは気に入ったオスとしか交尾《こうび》をせず、最初の年は二〇個くらいしか卵を産まなかった。それでも二〇個も生んでくれたのだから、とりあえず私の面目《めんもく》は保たれた。

また、驚いたことに、卵はオスが抱えて温めた。

ヒナが殻《から》を破るまでの期間は五八~六一日間。その間、ずっと飲まず食わずで卵を抱く。栄養源は自分の脂肪《しぼう》。四五キロあった体重が二〇キロまで落ちていった。

最初の卵がすべて孵《かえ》ったかどうか思い出せないが、その後は、卵を温める抱卵器の効果もあって、エミューは徐々に増えていった。

しかし、高価格で売れるエミューオイルを製品化するには、最低でも二〇〇羽は必要だ。

六年目の二〇〇四年になって、ようやく二〇〇羽まで増えた。この間に、死んでしまった個体がいたものの、ついに製品化の道が開けたのである。

## 学生社長、開発製品をベンチャー企業で販売

エミューの製品化に目途《めど》がついた頃、私は大学発ベンチャーの設立を検討した。

一九九〇年代から早稲田、慶應、東大、京大など有名大学が次々とベンチャー企業を設立し、二〇〇一年五月には、平沼赳夫《ひらぬまたけお》経済産業大臣（当時）が、「新市場・雇用創出に向けた重点プラン」、通称「平沼プラン」を発表し、「大学発ベンチャーを三年間で一〇〇〇社にする」と目標を掲げた。

これに触発《しょくはつ》されて、東京農大の松田藤四郎理事長（当時）が、「農大もやろうじゃないか」と、起業を検討するよう教職員に促《うなが》した。私は「学生にも起業を経験させたほうがよい」と考え、構想を練った。

オホーツクキャンパスの大学発ベンチャーは、むろんエミューが中心だ。

エミュー牧場（オホーツク・エミュー・パスチャー／中山富士男代表）でエミューを飼

育・生産し、大学でエミュー抽出《ちゅうしゅつ》オイルの成分《せいぶん》を研究。民間企業に委託《いたく》して製品化したものを、大学発ベンチャーのアンテナショップで販売する。

社長には学生が就《つ》き、オホーツク地域でのイベント、地域物産振興会事業、内閣府地域活性化推進事業にも参加する。

もちろん、参加した学生にはバイト料を払う。さらに、アンテナショップには学生アルバイトが立つ。

生産→加工→流通というモノづくりの流れを、学生自身が体験すると同時に、地元の農畜産業の振興にも貢献できる。

タイミングよく、二〇〇三年には「中小企業挑戦支援法」が施行された。

この法律により、株式会社の設立では一〇〇〇万円、有限会社では三〇〇万円以上必要だった資本金の規制が撤廃《てっぱい》され、一円でも起業できるようになった。

ただし、この「最低資本金特例」が認められるのは起業後五年まで。それ以降は、資本金一〇〇〇万円以上に増資しなければならない。そのときは私をはじめ、有志から出資してもらえばよい。

こうして二〇〇四年四月に「東京農大バイオインダストリー」を設立し、その後、網走

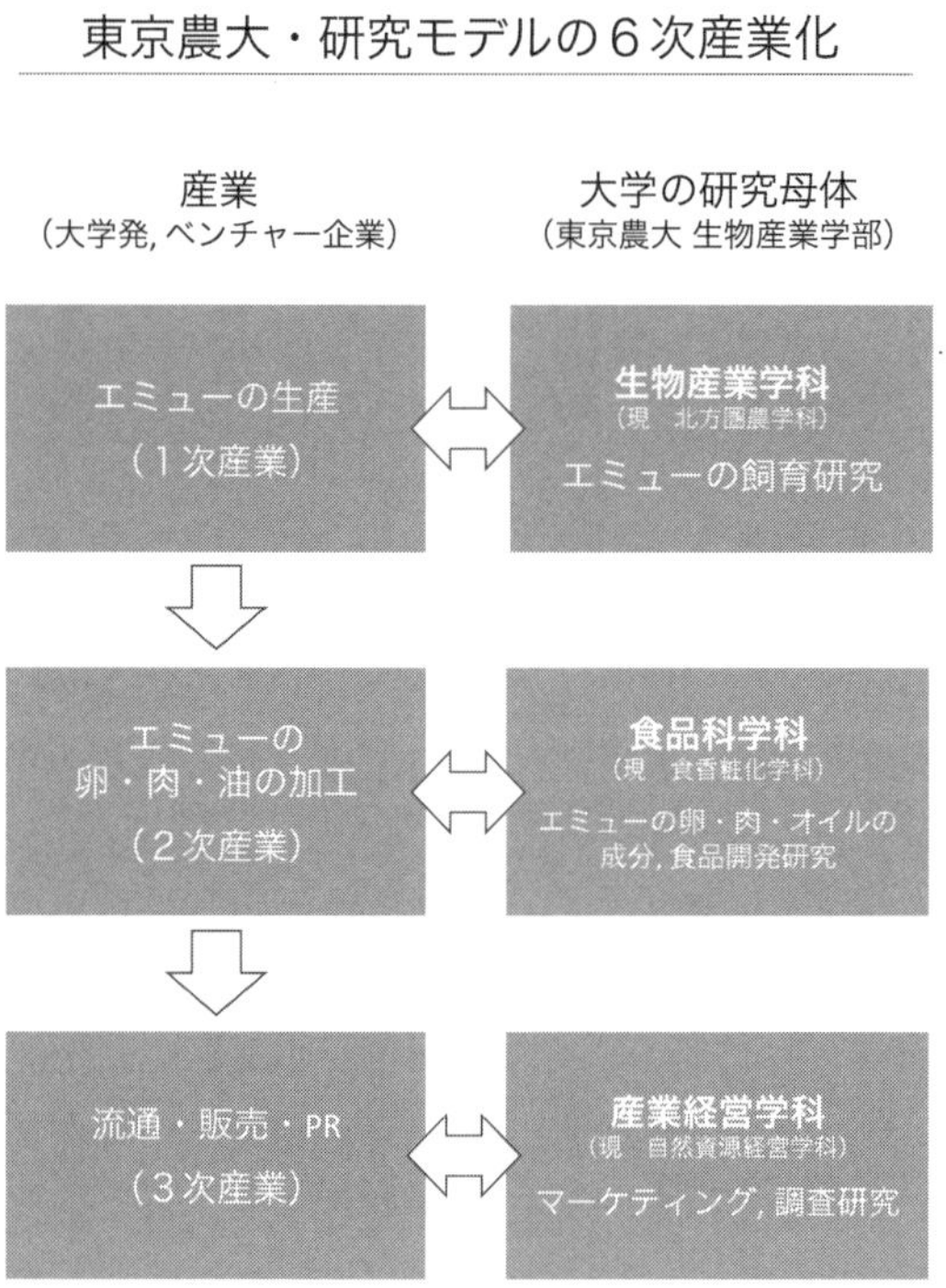

図２：農大研究モデルの６次産業化

市内にアンテナショップ「笑友（エミュー）」をオープンさせた。
代表取締役社長には、産業経営学科の学生に就いてもらった。ただ、学生には「起業」

と「代表取締役」を経験してもらうのが目的だったため、数か月ごとにトップは交替した。何代目かの社長には、「おまえ、オレがやってることを見てみろ。将来、役に立つから」といって、私のもとでボツリヌス菌の研究をやっていた鈴木智典《すずきとものり》くんを立てた。

実験科学の研究に没頭していた彼には、青天《せいてん》の霹靂《へきれき》だっただろう。しかも、デパートや農水省主催のイベント会場に引っ張り出された挙《あ》げ句《く》、来場者と名刺交換だ。ところが場数《ばかず》を踏んでいくうちに、彼は実社会の面白さに気づき、「最初のうちは面倒だと思ったけど、いろいろ体験できてよかった」と後に語っている。

視野を広げた彼は、ボツリヌス菌の研究でも成果をあげ、現在は、東京農大の准教授として活躍中だ。

## 「兄弟船」で産学官連携の大漁を狙う

一円で起業して、四年目を迎えた二〇〇八年には、松田理事長の指示で、資本金を一〇〇〇万円に増資した。

出資者と出資額は東京農大二〇〇万円、松田理事長一〇〇万円、中山氏三五〇万円、そ

して残る三五〇万円は、Y先生や長澤眞史《ながさわまさし》先生など教員五～六人と私の出資分に加えて、卒業生や農大関係者から集めた。当初、増資後の代表取締役には私が就《つ》いた。

産学官連携のエミュー・プロジェクトも、こうやって時系列で活字にすると、スルスルッと進行したかに思える。だが、現実はそんなに甘くなかった。

プロジェクトを進めるには、学内の調整はもちろん、自治体、企業、有志、学生などから賛同者を集めなければいけない。しかし、会議を開こうにも、多忙なスケジュールをわざわざ割《さ》いて参加しようという人は、そう多くなかった。

そこで私は考えた。

酒が好きな人は飲み会、酒が飲めない人は喫茶店や大学の研究室、あるいは私の自宅でお茶会。学生をわが家に招いて、実験や部活の反省会を開いてきた要領《ようりょう》で世間話を交えながら討議を重ねていけば、参加者のやる気も引き出せるはずだ。

ただし、官公庁の方々とは一線を引き、市役所や大学での会議である。まず、大場脩《おおばおさむ》市長（当時）に会い、担当者の方につないでもらった。自治体と連携で事業を進めるときは、トップダウンのほうがスムーズに進むからだ。

こうして動き出した産学官連携のエミュー・プロジェクトには、教員、学生、企業経営者、自治体関係者、農業協同組合、商工会議所、ライオンズクラブメンバーなど五〇〜六〇人の市民が関《かか》わった。

その一方で、いつも壮大な夢を語る私には、ご意見番が何人もいた。そのひとりがY教授だった。ある晩、飲み会の席で、大学発ベンチャーの提案をしたときのことだ。

「これからは、講義や研究ばかりやってもいけないと思うんですよ。実践にも目を向けることが学生教育には大事です。だから、それぞれの学科の先生に、東京農大バイオインダストリーの役員になってもらう。そうすれば、学生がそれぞれの先生についてくるので、異分野交流をはかりながら実学を学べると思うんですよね」

今でいう「アクティブラーニング」を強調したつもりだったが、なにせ酒の席である。ほろ酔いのY先生からクレームが入った。

「おまえ、ホラばっかりで、偉《えら》そうに先輩を使うのか？」

Y先生は私より四〜五年先輩。学内では実践派として知られていた。

「オレはおまえみたいに口ばっかりじゃない。おまえ、産学連携だ、ベンチャーだとホラを吹いてるけど、うまくいくのか？」

「いやいや、新しい未来のあり方を学ぶ提案を語っているだけですから。前に進むことで何か支障があるんですか？」

大学の仕事、教育、研究をやらないで、夢ばかり語っているのなら問題だが、私の研究室には院生も含めて数十人の学生がいた。言われっ放しも癪《しゃく》なので、殊勝《しゅしょう》な態度に転じて応戦《おうせん》した。

「Y先生は、馬も魚も幅広くいろんなことを研究していますよね」

「そうだよ、オレは生態《せいたい》に興味があるんだ。おまえは、ちゃんとオレのこと、見てんだな。よし、歌うぞ！」

Y先生とはいつもこんな調子で話が進み、どちらが先輩で後輩なのかわからない。そして、飲み会では、最後に決まって鳥羽一郎《とばいちろう》の『兄弟船《きょうだいぶね》』をふたりで歌う。

波の谷間に命の花が　ふたつ並んで咲いている♪

肩を組んで歌うオッサン教授がふたり。お互い口は悪いが、困ったときにはどちらかが助け船を出す。ひとりではできないことも、仲間がいれば大漁だって夢じゃないのだ。

二〇〇九年一月に、サッポロビール北海道本社と東京農大が包括連携協定《ほうかつれんけいきょうてい》を結んだときもそうだった。

話はその一年前にさかのぼる。その日は二〇〇八年三月末の日曜日で、私は学会で東京にいた。そこにY先生から電話がかかってきた。

「渡部、今どこだ？」

「東京ですよ」

「そうか、ちょっと相談だ。今、俺は札幌にいる。先日話していたサッポロビールと連携を進めていく。すぐ札幌に来い」

「それはいいけど、旅費は出してくれるんですか？」

「出せるわけねえだろ、オレはまだ学部長になっていないんだから」

Y先生は四月一日付けで、生物生産学部の学部長就任が決まっていた。

網走市郊外にある東京農大寒冷地農場では、一九八二年の開設当初から二条大麦《にじょうおおむぎ》を栽培し、毎年、二〇トンほどサッポロビールに出荷していた。

この契約栽培分とは別に、二〇〇七年にはここで収穫した二条大麦を原料に、茨城県の木内酒造合資会社《きうちしゅぞうごうしかいしゃ》の技術協力で『祝《いわい》』というビールを造《つく》った。木内酒造は江戸時代から続く酒蔵《さかぐら》で、社長は東京農大ＯＢ。海外でも高く評価されている酒を造っている。しかし、今回はサッポロビールとの連携を進めたいという。

私は、東京から網走への帰路、自腹で航空券を用意して札幌に立ち寄ることになり、サッポロビール北海道本社のトップと戦略室の人と会った。

しかし、エミュー・プロジェクトで”外界《がいかい》“との接触頻度が多い私と違い、研究畑ひと筋でやってきたY先生は、この手の交渉は不慣れだ。私とは事前の打ち合わせもないまま、北海道ゆかりの共通点として、榎本武揚《えのもとたけあき》の名前を口にした。サッポロビールは、一八七六年、札幌に誕生した「開拓使麦酒醸造所」からのスタートで、開拓使は明治新政府が設置したものだ。つまり、”薩長“なのだ。

「うちの大学のそもそもは、榎本武揚が徳川育英会育英黌農業科《とくがわいくえいかいいくえいこうのうぎょうか》を飯田橋につくったのがはじまりで、産学官連携の時代ですから、本学とも由来のあるサッポロビールさんと連携したいと思っておりまして……」

「榎本さんですか、幕臣《ばくしん》ですよね。うちは薩摩出身者がこちらに来てビール醸造をはじめたので、敵対関係ですから仲よくやっていくのは無理でしょう」

これにて交渉は決裂《けつれつ》。帰路、Y先生は私に命じた。

「学部長になって、新規スタートで包括連携協定を進めようとしているのに、オレの気持ちはどうなるんだ。おまえ、この話をまとめろ！」

熾烈《しれつ》な学部長選挙を勝ち抜いたというのに、出鼻《でばな》をくじかれた。「公式サイトを見れば、企業の沿革も経営戦略もわかるのに、下調べしてこないからヘマをしたんだろう」と内心で毒づいたものの、「Yちゃんを男にせねばならない」と思い直して、日頃の恩を返すことにした。

その晩、私は、サッポロビールのSさんとIさんに電話を入れて、三人で飲んだ。

「実は、お宅のトップに包括連携協定を断られたんですよ。でもね、今は産学連携も盛んだし、大学も象牙《ぞうげ》の塔《とう》の時代は終わった。発展的に企業と連携する時代ですから、何か、共通の目的をもって、うちの大学といっしょにやりませんか」

するとIさんは、こう答えた。

「いいですよ。でも、何か面白いことを実践的なカタチでやらないと、サッポロビールはうんといわないですよ」

「原料を全部、オホーツクで生産するというのはどうですか」

「麦はずっと契約栽培でお宅から入れているけど、ビールはホップがなくちゃ造れない。ホップは、オホーツクのように風のあるところでは生産できないんですよ」

風が当たるというだけでホップが育たないというのもおかしな話だ。よくよく聞いてみると、潮風がよくないのだという。

「じゃあ、風が当たらないように、畑を囲えばいいだけの話じゃないですか？」

「それはそうだけど、お宅でやってくれる人はいるんですか？」

「そんなの、いっぱいいますよ」

私には、オホーツクキャンパスの一期生で、作物学の講師になっていた伊藤博武《いとうひろたけ》（現・北方圏農学科教授）という隠《かく》し玉《だま》があった。ちなみに彼は「農家バイト組」だ。私は大学に戻ると、さっそく研究室に彼を呼んだ。

「おまえさあ、ホップって知ってる？」

「もちろん、知ってますよ」

「オホーツクの潮風で、網走じゃホップは栽培できないってほざいているアホタレがいるんだけど、鼻を明かさないか」

「はいッ、やります！」

当時、伊藤先生は寒冷地農場で研究を行っていた。二条大麦の栽培には学生時代から関わり、ビール原料についてはお手のもの。彼は防風ネットに工夫を凝らして、早速ホップの栽培に挑戦した。

そして、二〇〇九年一月には、Y先生の念願が叶い、サッポロビール北海道支社（当時）と東京農大生物産業学部とのあいだで「包括連携協定書」が締結《ていけつ》された。

その第一条には、次の一文を入れた。

**北海道の生物産業において地域活力向上に貢献できる「人づくり」と「ものづくり」を創出することを目的とする。**

その後、サッポロビールの技術支援を受けながらホップ栽培の研究を行った結果、二〇〇九年には一〇キロ、翌年には二〇キロのホップを収穫できた。試験栽培で活躍したのは生物生産学科（現・北方圏農学科）の学生だ。

これで網走産の原料、ホップと二条大麦はそろった。次に、サッポロビールのグループ会社「株式会社札幌開拓使麦酒醸造所」がクラフトビール「祝」を製造。これを大学発ベンチャーの東京農大バイオインダストリーで販売した。

学生が関わることで「人づくり」、ホップ栽培とビール製造で「モノづくり」の目的が達成できた。

この包括連携協定は、二〇一七年七月に、それまでの生物産業学部×サッポロビール北海道本社から東京農大×サッポロホールディングスの包括連携協定へと発展した。
「オホーツク海の潮風などくそ食らえ」である。

**『笑友(エミュー)』で再生!**
**あばしり元気プロジェクト**
**～地域内循環型ビジネスの実証研究～**
**(北海道網走市、置戸町、斜里町)**

厳しい地域経済状況の中、低カロリー食肉や保湿性のあるオイル等の事業化が見込めるエミューを新しい地域資源として活用するため、飼育実証実験等を通じて生産から加工・販売まで一貫して行い、地域内で付加価値を最大限に高めるビジネスモデルの確立を目指す。

▲エミューオイルを活用した肌クリーム
◀エミュー

**平成20年度の主な取組**

①簡易牧場を設置し、飼育実証実験(新規エミュー飼育者の育成・遍正な孵化条件確立)の実施。
②エミュー製品(オイル、肉等)の加工・製造技術確立のための試験や消費者市場マーケティング調査の実施。

**平成21年度以降の展開**

孵化技術を更に高めるための飼育実証実験を実施するとともに、エミュー製品加工・製造技術指導マニュアルを作成し技術者を育成することや、サテライトショップを通じた販売促進、料理店での試験的な調理、販売等により販路の拡大・確立を図る。将来的には観光産業としての発展も視野に入れている。

図3:『笑友(エミュー)』で再生!あばしり元気プロジェクト

# 第四章

# 嫁さんの置き土産

## 高島屋新宿店で、農大どら焼きデビュー

二〇〇八年三月、私は朝から高島屋新宿店《たかしまやしんじゅくてん》の催事場にいた。買い物ではない。自分たちで開発したエミュー商品を展示紹介しながら販売するためだ。

会場には東京農大のブースの他に、全国各地から集まった国公私立大学二〇数校のブー

スもあった。

当時、小学館の情報誌で、産学官の研究開発食品にスポットをあてた「大学は美味《おい》しい!!」という連載があり、そこで取り上げられた大学の大半が集まった。

開催期間は六日間。いわゆる催事場のグルメイベントだ。

各大学のブースには教授や准教授、研究室の学生とともに連携企業の方々が集まった。そして、我々教員をはじめ、皆で製品開発の経緯や商品の特徴などをお客さんに説明して、自信作を買っていただいた。

私立大学はともかく、国公立大学は文科省や学内の規則などの壁があり、こういった百貨店での催事には、それまで参加したことがなかった。

掟破《おきてやぶ》りともいえるイベント参加は、連載記事の取材を受けた教授や准教授たちが、「研究成果を店頭で説明できるなら」と、学内で調整に駆け回った成果だった。

どの先生がたも、産学連携あるいは産学官連携を早くから進めてきた先駆者《せんくしゃ》で、開発製品という研究成果を、世の中に知ってもらうチャンスと考えたようだった。

そして、この大々的《だいだいてき》なイベントをきっかけに、いわゆる「大学ブランド食品」が一気に開花していった。

現在、私が学長を務《つと》める北海道文教大学の人間科学部健康栄養学科でも、「コープさっぽろ」のような地元企業と連携して、健康志向の弁当を開発・販売するなど、地域連携を図っている。二〇二〇年一二月には、北海道文教大学は生活協同組合コープさっぽろと包括連携協定を締結した。また、二〇二〇年秋にはローソンと連携してパンを開発し、北海道内・短期限定で販売した。こうした取り組みも、もとを辿《たど》ると「大学ブランド食品」ブームに行き着く。

さらに、こうした地元の食材を活用した、大学中心の地域活性化の動きは、高校生たちによる「高校ブランド食品」や、地元の食材を使った調理コンテストなどへと拡大。鶴岡学園が運営する「北海道文教大学明清高等学校（二〇二一年度から北海道文教大学附属高等学校に改称）」でも、調理コンテストに参加している。

こうした一連の動きの起爆剤となった二〇〇八年の高島屋イベントで、東京農大のブースはエレベーターのすぐ前にあった。会場で、もっとも目立つ特等席。実行委員会からの要請で、私も実行委員長として参加し、優遇《ゆうぐう》していただいたというわけだ。

初日には、東京農大の応援団にも駆けつけてもらった。

「農大応援団の大根踊《だいこんおど》りを、新宿高島屋の前から会場までやってほしい」と実行委員会に頼まれたのだ。理事会の了解を得て、応援団にお願いした。

三〇名ほどの応援団員は、青々《あおあお》とした葉っぱが付いた大根を両手に、学ラン姿で農大の校歌「青山ほとり」を歌いながら会場へとエスカレーターを上った。

常磐《ときわ》の松風《まつかぜ》　みどりに吹きて〜♪

何事かと、お客さんたちは呆気《あっけ》にとられていた。両手両足を上下させながら練《ね》り歩いたのだから、あたりに大根葉が散《ち》らばるわ、騒々《そうぞう》しいわで、新宿高島屋はじまって以来の珍行列だっただろう。

とにかく、応援団のおかげでテレビの取材も入り、連日、大盛況。このイベントの目玉商品として宣伝されていた「笑友（エミュー）生どらやき」一個三五〇円が初日で約四〇〇〇個も売れ、急きょ、網走から六〇〇〇個も取り寄せたほどだった。

「生どらやき一万個、完売しました」

と、私は嫁さんにメールした。

この生どらやきは、エミュー卵と北道産小麦、北道産牛乳、そして北道産ビートが原料の砂糖を使い、網走市郊外にある老舗の和菓子屋と連携して作ったものだ。

皮には、棟方志功《むなかたしこう》による東京農大のロゴを焼き印。これに生クリームと小豆餡《あずきあん》をはさんで冷凍保存。小さな和菓子屋の工房で一個ずつ丁寧《ていねい》に作られた自信作である。

しかし、この製品の開発は、嫁さんなくしてはあり得なかった。

エミュー卵の使《つか》い途《みち》に悩んでいたとき、「生どらやきを作れば？」と、提案してくれたのである。

「うちに卵をもってきて。私、いろいろ試してみるから」

こういって、嫁さんはエミュー卵の料理を試作。そのうちのひとつが、生どらやきだった。

「エミューの卵を使うと、どらやきの皮がふんわり仕上がるの。ニワトリの卵の九個分くらいあるでしょう。一個あれば、皮をたくさん作れるし、お土産《みやげ》にもなるんじゃない？」

試作した生どらやきをY先生やN先生をはじめ、関係する先生方や学生たちに食べてもらった。といっても、飲み会での試食だ。みな、酔っ払っていたから、「これ、いいんじゃないか」と、意見もいい加減。塩辛い試作品ができてしまい、結局、女子学生たちに官能試験《かんのうしけん》をやり直してもらい、製品化した。

## どん底でも、前を向けば何かが変わる

「よかったね〜。飛べないエミューが飛ぶように売れた。万歳《ばんざい》！」

嫁さんから返信が届いた。

ああ、今日も無事でいてくれた。生どらやきの試作をしていた頃の元気な姿が目に浮かんだ。

オホーツクキャンパスの開校以来、わが家には学生たちが入れ替わりで夕飯を食べにきた。中には、しばらく住みついた学生もいた。その世話を嫁さんが一手に引き受け、学生たちは彼女を母親のように慕《した》っていた。

わが家に待望の長女が誕生すると、学生たちもミルクを飲ませてくれたり、おむつを替えてくれたり、学生たちと私たち夫婦は家族同然のつきあいだった。

二〇〇二年には長男が生まれた。このときも学生や卒業生たちは，「お父さんに似たらダメだよ〜」などと軽口《かるくち》をききながら、赤ん坊をあやした。

わが家は、笑いが絶えなかった。

私は、ボツリヌス菌の研究を大山徹教授や研究室の修士課程・博士課程生とチームを作り、チーム運営、講義、そしてエミュー・プロジェクトに時間を割《さ》いた。

網走を拠点《きょてん》に会議や学会で飛び回り、充実した毎日だった。

ところが、二〇〇五年一一月、嫁さんに乳がんが見つかった。

それからというもの、わが家の暮らしは、まさに闘病生活に一変した。

嫁さんは札幌の病院と網走の自宅を往復。私は、学科長、学部長といった役職を引き受けないと決め、家族と過ごす時間を増やした。

それでもエミュー・プロジェクトだけは、リーダーとして指揮棒《しきぼう》を振り続けていた。

二〇〇六年三月中旬、そんな私のもとに電話が入った。女性の声だった。

「エミュー・プロジェクトを取材させていただけないかと思い、電話をいたしました」

この卒業式直前の忙しいときに？

「奥さまから『笑友（エミュー）生どらやき』のことを伺《うかが》い、大学ブランド食品としてご紹介したいのですが……」

「ひょっとして、嫁さんと同じ部屋に入院していた方の？」

「はい、妹です」

偶然にも、嫁さんのとなりのベッドにいた女性の妹さんが、東京を拠点に活動するフリーライターだった。

しかも、東京農大の短期大学部栄養学科に在籍中。私の後輩である。「社会人入学」の特別枠で入り、仕事と大学を両立させながら、週末ごとに札幌のお姉さんを見舞《みま》っていたYさんは、

「私、珍動物評論家という肩書きで、動物と人のふれあいをテーマに連載エッセイを書いていた時期がありまして、成田の牧場にホルスタイン柄《がら》のヤギが生まれたというので、取材をしたことがあったんです。そのとき対応してくれたのが、オホーツクキャンパスでエミューの飼育を経験したという卒業生でした」と、私に説明した。

世の中、どこでどうつながっているかわからない。

お姉さんを見舞った際、嫁さんと初めて顔を合わせたYさんは、エミューのことを思い出し、「農大のオホーツクキャンパスといえば、エミューを飼育しているのですよね？」と、嫁さんに話題をふった。

子どもたちのために、ベッドの上で編みぐるみを作るぐらいのことしかできず、退屈をもてあましていた嫁さんは、その話に飛びついた。

「それ、うちの主人がやってるの。エミューの卵で作った生どらやきが製品化されているのだけど、私が考えたのよ。今度、どこかの雑誌で、ぜひ取り上げて！」

後日、Yさんから聞いた話では、嫁さんが闘病中でもあり、励まそうとして調子よく取材を約束してしまったという。

しかし、よほど面白いネタでなければ、雑誌に取り上げてもらうことはできない。Yさんは、かなり悩んだらしい。そして、ふいに思い立ち、自分の東京農大卒業式を終えたその日に企画書を書き、出入りしている情報誌の編集部にメールを送ったところ、驚くべき奇跡がおこった。

なんと、企画書を送って一時間もたたないうちに、大学ブランド食品をテーマに短期連載の記事を書かないかと、編集長から連絡が入ったというのである！

予定していた四ページ分のタイアップ広告ページが、しめきり直前にキャンセルになり、企画書にある数校の大学のうち、どこでもいいから一大学を取材して記事を書いてほしいと、Yさんは依頼された。

Yさんは、その時点で、まさか大学ブランド食品の発展に影響を与えるとは想像もしなかったというが、この取材をきっかけに、エミュー・プロジェクトは一気に認知度が上がり、大きく"羽《は》ばたいた"のである。

もっとも、電話をもらった時点では、エミューが"羽ばたく"など、私だって夢にも思わなかった。

卒業式を控《ひか》えて雑務《ざつむ》に忙殺《ぼうさつ》されていた私が返事をためらっていると、電話口のYさんは、こちらの様子《ようす》を窺《うかが》うような口調《くちょう》で続けた。

「あのぉ、しめきりが迫っているものですから、金曜日にはそちらにお邪魔したいのですが、お時間をつくっていただけないでしょうか？」

おいおい、ちょっと待ってくれ。金曜日といったら三日後だ。しかも、その翌日はオホーツクキャンパスの卒業式だ。東京農大の卒業式には必ず学長がでる。そのため、世田谷《せたがや》、厚木《あつぎ》、網走《あばしり》と三か所のキャンパスごとに、卒業式の日程をずらしているのだ。

「困ったなあ、来週じゃダメですか？」

「はい、今週中じゃないと間に合わないので。私もいちおう農大生ですし、和代さんの頼みでもあるので、連載の初回は、東京農大のどら焼きで飾りたいと思っています。ぜひ、取材をさせてください！」

農大生、和代という私の弱点を突《つ》く。まるで脅《おど》しである。

最初は低姿勢、そのうち段々《だんだん》と図々《ずうずう》しくなってくる。押し売りか！　一瞬の沈黙の後、Yさんの口調が今度は哀願《あいがん》に変わった。

「お願いいたします、ぜひ、取材をさせてください」

私は断り切れないと感じて、渋々《しぶしぶ》、取材を引き受けた。

そして三週間後、エミュー、生どらやき、わたしの写真がデカデカと載《の》った雑誌が、大学に届いた。

最初の見開きには生どら焼きの写真。ページをめくると、私が登場する。エミューの背中に乗っている写真だ。

## 日々の喜怒哀楽《きどあいらく》を希望の糧《かて》に

取材時の撮影は、エミューの飼育小屋で行われた。

初対面のYさんは電話で受けた印象そのままに、人の好《よ》さそうな顔に反して、押しが強そうだった。

「渡部先生、エミューに乗っていただけませんか？」と、言葉遣いは丁寧《ていねい》だが、思いどおりに事を運ぼうとする。

エミューに乗れ？　冗談じゃない。

「私の写真なんか撮《と》らなくたっていいですよ」

「いいえ、この記事は大学の先生と開発製品が主役なので、渡部先生でなければ意味がないんです」

「学生とエミューじゃダメなの？」

「ええ、渡部先生じゃないと」

「エミュー・プロジェクトは、私はひとりで進めているわけじゃないから、学生がＮＧ《エヌジー》なら、他の先生でもいいんじゃないですか？」

「ダメです。他の先生たちのお話は専門的すぎて面白《おもしろ》みに欠けます。その点、渡部先生のお話には夢があるので、聞いているこちらがワクワクしてきます。そうすると、文章にもそのワクワク感が出て、読者の方も読んでいてハッピーになれる。これが読者を惹《ひ》きつける大事なポイントなんです。実際、そういう記事は読者アンケートの結果もいいんですよ」

はあ、そんなものかと聞いていると、飼育小屋の壁際《かべぎわ》で固まっていた私に、いつの間にかYさんが急接近していた。

「渡部先生、撮影の準備ができたので、どうぞエミューの背中に」

止めろ、オレはここを動かないぞ。

「いや、遠慮しておきますよ、私なんかより学生のほうが絵になりますって。どうです、そこにいる鈴木智典くん。彼はけっこう男前《おとこまえ》でしょう」

弟子《でし》の鈴木くんは、このやりとりをキョトンとした顔で眺《なが》めていた。彼もシャイだからドキドキしていたはずだが、私に命じられるとイヤとはいえない。「鈴木、エミューにまたがれよ」と、いいかけた私の言葉をさえぎり、Yさんはいった。

「渡部先生、スーツに長靴姿、とってもいい感じですネ」

デパートの店員さんのような笑顔を浮かべている。オレをおだててエミューに乗せるつもりか？

「わぁ〜ッ」

突然、Yさんが素《す》っ頓狂《とんきょう》な声をあげた。

「渡部先生が履《は》いているゴム長、ミツウマですよね。小樽《おたる》が誇るブランド長靴。いいですね〜」

オレはガキじゃねえ。ゴム長なんかほめられても、その気にならないぞ、と決意も新たに防御態勢に入った直後、どういうわけか、エミューたちがYさんを取り囲むように近づいた。やっぱりエミューは神の鳥だ！

珍動物評論家女史は、キャアキャア歓声をあげた。

丸《まる》っこくて愛らしい幼鳥《ようちょう》を見て「カワイイ！」と喜ぶのなら理解はできる。だが、エミューの成鳥《せいちょう》は、胴体《どうたい》に、毛むくじゃらのウツボをくっつけたような顔だ。無愛想《ぶあいそう》このうえない顔のどこがカワイイのだろう？　エミューをなでまわすYさんは、もう私のことなど眼中《がんちゅう》にないようだった。

チャンスだ！

私は、そ〜っと飼育小屋の出口に向かって移動した。これで飼育小屋から脱出できる。あとは、勝手にエミューを撮ってくれ。

「渡部先生！」

出口まであと数歩というところで、Yさんに呼び止められた。

「あそこに座っているエミューにまたがってください。さ、エミューが座っているうちに早く」

何《なに》がなんでも私をエミューにまたがらせたいらしい。もう白状《はくじょう》するしかない。

「実は、私はエミューをさわったことがないんですよ」

「ええ〜ッ、冗談ですよね？」

「いえ、ホント。動物が苦手なんです」

あ〜、ついにバレてしまった。でも、これで私はエミューがうじゃうじゃいるこの飼育小屋から解放されるはずだ。と、思ったが甘かった。

「渡部先生、大丈夫です。エミューにパッとまたがっていただければ、撮影は一瞬で終わりますから。カメラマンはベテランです。ご安心ください」

高所恐怖症の人は高い所に立つと恐怖で足がすくむというが、たぶん、それと同じ心境で、私は渋々《しぶしぶ》、嫌々《いやいや》、清水《きよみず》の舞台から飛び降りるつもりで、無茶苦茶《むちゃくちゃ》なリクエストに応じた。

すべてはエミュー・プロジェクトの発展を願ってのことだ。

そうして、二年後の二〇〇八年に高島屋イベントが開催された。

私にしてみれば、冷や汗タラタラの記事。それが好評だったとかで、連載が予定回数をはるかに超《こ》えて、二年間も続いたことがイベントにつながったという。

今にして思うと、Yさんのお姉さんと嫁さんが病室で隣あわせだったことも、Yさんが当時、東京農大の学生だったことも、予定の広告ページが突然キャンセルになりページが空いてしまったことも、すべてが偶然ではなかったような気がする。

神の見えざる手。

エミュー・プロジェクトは、高島屋新宿店でのイベント開催後に、全国放送のドキュメンタリー番組でも大々的に取り上げられた。

それを見て、他局や新聞社などの取材が増えていった。グルメ番組や雑誌記事で取り上げられた店が、その後、くり返しメディアに登場するようになるのと同じだ。

取材だから広告費がかからず、何百万円とかかる宣伝費が浮く。

テレビ局から記念にもらった番組録画や取材記事は、その後の講演会や支援者集めの席で、参考資料としておおいに役立った。

メディアの取材も学生たちには刺激になった。そのおかげで、学生たちが刺激を受け、プロジェクトの主役が、本来めざしていた学生たちに移った。

そして私には、学生たちの変化が何よりの収穫になった。

## ふたりの「がん友《とも》」が残したもの

「カズヨ&ヨーコ、メモリーズだね」

高島屋イベント開催の翌年七月、Yさんのお姉さんはエミュー・プロジェクトや大学ブランド食品のブームについて、こういい残し、旅立った。

その後を追うように、同じ年のクリスマスには嫁さんも逝《い》った。

お互いに「がん友」と呼び合い、人生最後の三年間を、時に笑い、時に励まし合いながら友情を育んでいた。

入退院をくり返しながらも、体調のよい日には、病院近くのカフェで過ごしていたふたりの間で、どのような会話があったのかはわからない。

Yさんによると、たわいない話だったというが、そのYさんのお姉さんは、「これは自分の寿命だから、わかってほしい」と家族に語り、うちの嫁さんも自分の母親に、「私の人生は短いとみんなは思うけど、私は、私の人生に満足だった」と言い残していた。

人は、いつか必ず肉体の死を迎える。それが早いか遅いかの違いだけだが、死の先にあるものが無《む》だとは、私には思えない。

私だって科学者である。実在《じつざい》しないものはすべて「オカルト」で片づけてきた。

だが、嫁さんの死をきっかけに、唯物論的《ゆいぶつろんてき》な考えが霞《かす》んでしまった。

肉体は、魂《たましい》の器《うつわ》ではないか？

もし、これが正解だとしたら、嫁さんは肉体的な苦痛から解き放たれ、生きている者には見えない次元で、ユーレイとして自由気ままにやっているのかもしれない。そして、時々、私に「閃《ひらめ》き」という方法で力を貸してくれる。

しかし、こう思えるようになったのは、わりと最近になってからだ。

嫁さんが闘病中、よいといわれる治療法を聞くと、何でも試した。同時に、手当たり次第《しだい》、医療系の論文を読みあさった。ところが、畑違いの私にはさっぱりわからない。

ちょうど、その前から取り組んでいたボツリヌス菌によるドラッグデリバリーシステムが、嫁さんの治療に役立てられないかと思ったこともある。

一九八〇年代には、神経に作用するボツリヌス毒素のひとつであるA型毒素の大量精製方法が確立され、アメリカの眼科医Alan Scottが、ボツリヌスA型毒素製剤である

「Oculinum®」の臨床治験を行った。

そして、私がボツリヌス菌の研究をはじめた一九八九年に、「Oculinum®」はＦＤＡ（米国食品医薬品局）から斜視《しゃし》や眼瞼《がんけん》けいれん、片側顔面麻痺の治療薬として承認を得た。

この年はさらに、アイルランドの医薬品企業「Allergan社」が、「Oculinum®」の権利を取得。これを「Botox®」と名称変更し、一九九〇年代からアメリカ以外の国々でも承認されるようになった。日本では「ボトックスビスタ®」の名称で、二〇〇九年に承認されたが、実際には二〇〇〇年頃から医師の裁量《さいりょう》で独自に入手したボトックス製剤による眉間《みけん》のしわ治療が、美容整形クリニックで利用されていた。

こうしてボツリヌス菌研究が進む中で、ボツリヌス神経毒素の特性を生かして薬を運ぶ「ドラッグデリバリーシステム」への応用研究がGoodnoughらによって進められるようになった。

そして、私たちの研究グループも、まったく異なる発想で、「ドラッグデリバリーシステム」の研究に着手した。

網走で世界的な研究を行っているというと、たいがいの人は「まさか」という顔をする。

生どらやきだ、流氷ビールだ、鮭節《さけぶし》だ、などと特産品による食品開発を産学官で進めてきた東京農大オホーツクキャンパスは、食べもののイメージが強い。

しかし、大山徹先生をはじめ、北大から転職した丹羽光一《にわこういち》先生、私の弟子の相根義昌《さがねよしまさ》先生、長谷川仁子《はせがわきみこ》博士（現・株式会社リガク）、鈴木智典《すずきとものり》先生など、ボツリヌス菌の研究では、世界の先端をゆく研究を行ってきたのだ。

ただ、このような基礎研究は、応用研究、実用化に進むまで時間もお金もかかる。国公立大学が法人化された二〇〇四年あたりから、国は何かにつけて「出口だ」「シーズだ」とお題目《だいもく》を唱《とな》えはじめた。そして、製品開発に直結しそうな研究に、科研費《かけんひ》などの助成金が優先された。

その結果、国の御眼鏡《おめがね》に適《かな》うような研究に走る研究者が増え、基礎研究の分野は人材が育ちにくくなった。

ノーベル賞を受賞された方々が、口々に日本の基礎研究の危機を訴えるのも、基礎研究から製造・販売まで行える日本の技術力と態勢が、このままでは崩れてしまいかねないからだろう。

ボツリヌス菌にしても、我々が手がけてきた「ドラッグデリバリーシステム（drug delivery system：DDS）」は基礎研究だ。

これは読んで字のごとく、薬を運ぶ仕組みのことをいう。体内の目的の患部《かんぶ》に薬が届けられて効果が最大限生かされ、一方で、副作用を最小限に抑えることできる。

一九六〇年代に制作されたアメリカのＳＦ映画「ミクロの決死圏《けっしけん》」は、ミクロサイズに縮《ちぢ》められた潜航艇《せんこうてい》と医師チームが、体内を巡って治療を行うというストーリーだったが、ＤＤＳはミクロよりもっと小さいナノレベルの輸送用分子に薬を運ばせる。たとえば、輸送分子に抗がん剤を運ばせると、正常な細胞を傷つけずに、ガン細胞を狙い撃ちできる。

といっても「言うは易《やす》し」で、今も世界各国の大学や企業がしのぎを削《けず》って研究中だ。私たちのグループは、ボツリヌス菌が産出する毒素複合体の神経毒素を除く部分を輸送分子に使おうというもので、製品化という出口につながれば、多くの人々の役に立ち、莫大な利益も得られる。

研究者なのに利益とは何事か、と思われるかもしれないが、金は天下の回りもの。新たな研究に投資できるし、法人税という形で国の経済発展に還元できる。

ただ、基礎研究だから、その出口は遠い。

当然、嫁さんの治療に応用できないのはわかりきっていたが、私は例によって「ノーベル賞を取るぞ！」と大ボラを吹きながら、研究に明け暮れる院生たちを叱咤激励《しったげきれい》し、晩メシに連れ出したり、留守宅のカギを預けてサロンのように使ってもらったりと、若い研究者たちをサポートした。

それは、新婚気分が抜けきらないうちから、学生たちの面倒をみてきた嫁さんへの恩返しのつもりだった。

## 学生たちと小学生の家庭生活

五七歳でシングル父さんになった私の生活は激変した。

嫁さんが旅立った当時、長女は小学六年生、長男は小学一年生だった。

とはいえ、子育て優先の働き方改革をするつもりはなかったから、子どもたちには寂《さび》しい思いをさせるのを承知で、まず、生活の立て直しをはかることにした。

治療を受けるために借りていた札幌の仮住まいから網走市内の自宅に戻ったものの、私は家事と育児のいっさいを嫁さんに任せきりにしていたから、日常生活のどこからどう手をつけていけばよいのかわからなかった。

彼女が治療のために札幌に転居してから亡くなるまでの二年余りは、平日は網走で自炊《じすい》をしたので、野菜炒めやチャーハンくらいは作れるようになっていたのがせめてもの救いだった。

料理は、実験のメソッドと同じで、本を見れば作れる。炒飯なら具をたくさん使い、鍋のときは肉も魚も入れて、ちゃんこ鍋風に作れば、栄養バランスだっていい。

「お父さんの料理にはいろんなものが入ってるね」と、子どもたちは苦笑しながら、それでも「うまい、うまい」と食べてくれたが、残念ながら、嫁さんのように手の込んだ料理を作る時間的な余裕はなかった。

裁縫もできないから、子どもたちのズボンやスカートの裾《すそ》がほつれたときは、義妹や私の母親が訪ねてくれたときに直してもらった。

娘が初潮を迎えたときは、嫁さんが見つけておいてくれた百貨店の下着売り場に娘を行かせた。案ずるより産むが易《やす》しで、どうにかしなくちゃいけないと思うと、案外、何とかなるものだ。

ただ、わが家の場合は、私の出張という問題があった。

東京の世田谷キャンパスと網走キャンパスを、ほぼ毎週、往復しなければならず、学会や産学官連携事業の会合、海外大学との連携協定事業などでの出張もあった。

どうしようか途方《とほう》に暮《く》れていたあるとき、思いがけないことを長男がいった。

「お父さん、ぼくのことは心配しなくていいから出張して」

長男は、物心ついた頃から母親が入退院をくり返していたせいか、周囲の空気には敏感だった。彼は、その頃夢中になっていた「アンジャッシュ」の渡部建《わたべけん》のものまねをして、私を笑わせることもあった。幼いなりに、自分も家族の力になろうと懸命《けんめい》だったのだろう。

ありがたいことに、わが家には院生や学部生たちが以前と同じようにやって来た。そんな中には、エミュー・プロジェクトのチームに参加していた社会人もいて、私や子どもたちといっしょにメシを作り、食卓を囲み、私が留守のときには快く泊まってくれた。

私は、彼らと嫁さんに感謝した。

しかし世間の目は厳しく、「学生にそんなことをさせて」と眉をひそめる同僚たちもいた。面と向かっていわれたときには、

「学生たちがうちに出入りしているのは、家内が飯を食《く》わしてきて、今にはじまったことではない。メシを作っているのは学生かもしれないけど、オレが食材を買っている。本人がイヤだといっているのなら、彼らにすみませんと謝るし、オレのことをひどい奴だというのはかまわないが、おまえにガタガタいわれる筋合いじゃない！」と、やり返した。

いわれっ放しでおとなしくしていたら、子どもたちを守れない。

家政婦《かせいふ》さんをと思い、四〜五人と会ったものの、子どもたちがなついてくれなかった。子どもたちは年齢が近い学部生や院生には心を開いたものの、大人には人見知りをするところがあった。

そんな事情もあり、嫁さんがいた頃と同じような環境で子育てをして、いいたい奴にはいわせておけと開き直り、わが家流を貫いた。

幸いにも、私は金銭面での不安はなかった。しかし、参観日、運動会、学習発表会、バザーなど親がかりの行事が待ち構え、放課後に友だちを家庭に招いての誕生日会といったイベントもある。

大学教員には、土日も祝日も関係ない。週末の出張と重なってしまうと、子どもたちのイベントにはまったくつきあえなくなる。遠くで暮らす私の母親に来てもらったこともあったが、八〇歳を過ぎた身に、毎回、頼るわけにはいかなかった。

自分がイベントに顔を出せないとき、子どもたちはどんな思いでいるのだろうか？

父子家庭という理由で、イジメられるのではないだろうか？

当時の不安を書き出したらキリがない。

## 不登校だってかまわない、子どもの気持ちを最優先に

実は、嫁さんが亡くなり、網走で葬儀を終えた後、私は長女と長男と三人で家族会議を開いた。

「今から家族会議を開こうと思うんだけど、このタイミングでいい？」

虚空《こくう》に向かって話しかけると、「いいに決まっているじゃない」と、嫁さんにいわれたような気がした。彼女には「子どもたちには好きなことをやらせてほしい」と託《たく》されていた。

「あなたに子育てを頼っても心配だわ」と、生前いわれたことを思い出した。

子どもたちの気持ちを聞いておくべきだろう。

「これから、おまえたちはどうしたい？」

「お父さんはどうするの？」

「仕事があるから、札幌のマンションを引き払って、網走に戻りたいと思う」

「じゃあ、お父さんといっしょに網走で暮らすよ」

三か月後に卒業式を迎える長女も快諾してくれたが、彼女は札幌でピアノや歌のレッスンに通っていた。網走に戻れば、それができなくなる。

「おまえ、ほんとにいいの？」と聞くと、「網走がいい」と答え、「でも、声楽家をめざしたい」と自分の気持ちを話してくれた。

嫁さんは、いわゆる教育ママだった。

長女には三歳からピアノを習わせ、発病前には夏休みを利用して長女と乳飲み子《ちのみご》だった息子を連れてハワイに長期滞在するなど、英語教育にも力を注いでいた。

札幌で暮らしはじめると、娘を声楽家のもとに通わせた。網走に戻ると、そのレッスンが受けられなくなってしまう。そこで、毎月一回、娘に札幌でのレッスンを受けさせることにした。

小学三年生のときから母親の闘病生活に歩調を合わせてきた娘は、自立心が養われたようで、網走から札幌までひとりで出かけた。そして、中学を卒業すると札幌の高校に進学。下宿生活を送りながら声楽の勉強に励んだ。

ところが、生徒会長にも就き順風満帆《じゅんぷうまんぱん》に見えていた子が、高校二年のときに突然、網走に戻りたいといいだした。イジメを受け、不登校になっていたのだ。

多感な女子高生の気持ちを推《お》し量《はか》るのは難しい。私は、娘の思いどおりにさせた。

「大学は、音大に進みたいのか？」

高校三年になった娘に尋《たず》ねると、思いもかけない言葉が返ってきた。

「声楽はやらない。歌に命かけるのは止めた」

彼女は、米国のジュリアード音楽院に進学できる、と声楽家の先生からお墨付《すみつ》きをもらっていた。

「えっ、声楽家になるのが夢じゃなかったのか？」

「お母さんがいるときは、お母さんが決めてくれたレールに乗っていたと思う。もちろん今の私があるのは、お母さんがサポートしてくれたから。英語が話せるようになったのも、お母さんがステップを作ってくれたおかげだけど、歌は趣味でいい」

「じゃあ、大学はどうするんだ？」

「うん、ストレートで入れる大学にする。お父さんのように浪人したくないから」

子どもは親の背を見て育つというが、まさか娘が私の二浪経歴を反面教師にするとは思いもよらず、返す言葉もなかった。

「私、お母さんのおかげで英語が話せるようになったから、もっと磨いて、国際的に活躍できる仕事につきたいと思う」

反抗期を迎えた中学時代には、声楽も英語もイヤだといいだして、途方に暮れたことがあったが、まさに「親はなくとも子は育つ」。娘は、自分の力で未来に踏み出してくれた。

しかし、長男は違った。私に心配をかけまいと、彼なりに精一杯《せいいっぱい》やってきた反動なのか、中学生になると不登校というかたちで、SOSのサインを出すようになった。

集団生活に息苦しさを感じて、自分を追い詰めてしまうぐらいなら、学校に通う必要はないと思っていたから、息子には好きなようにさせた。

そんなふうに泰然自若《たいぜんじじゃく》に構えられたのは、わが家に出入りしている学生たちを見ていたからだ。

嫁さんがいなくなり、家族三人で生活していく中で、わが家にきてくれる学生たちは、小学生も台所に立たせてメシの支度《したく》をするようになった。

合宿所に、子どもがふたり紛《まぎ》れ込んだ感じだった。

台所では、コロッケ作りが上手《じょうず》な者、鹿肉のかたまりをさばくのが上手な者、調理や後片づけの手際《てぎわ》がいい者、全体を仕切るのが得意な者など、十人十色《じゅうにんといろ》の能力を発揮した。研究室では見られない姿だった。

出入り学生の中には、私に段取りのよさをほめられているうちに、本業である研究室での実験に面白さを見いだし、ついにはハーバード大学医学大学院博士研究員として渡米し、帰国後に母校の教員になった宮下慎一郎《みやしたしんいちろう》くんのような学生もいた。

食事ができると、子どもたちも学生も、ときには近所のおばさんもやって来て、皆《みな》でいっしょに食卓を囲んだ。それはまるで昔の大家族のような光景で、コロッケの山、刻《きざ》みキャベツの山、鹿肉の山をワイワイいいながら突《つつ》きあった。

その様子《ようす》を見ているうちに、人にはそれぞれに力量《りきりょう》や個性があり、型にはまった生き方をする必要はない、という思いがいっそう強くなっていった。

何でも一番でなければ気がすまない私は、北海道栄養短期大学（栄短《えいたん》）で卓球部の監督をやっていた当時、強い部員にばかり目をかけ、後年、嫁さんから「弱い者にも目を向けろ」と、批難《ひなん》されたことがあった。

ちょうど、ヤンチャな一期生たちに手を焼いていた時期で、成績が悪くてもそれぞれに個性を開花させていた彼らと関わるようになった頃から、「多様性」から生まれる「可能性」の大きさを実感するようになった。

人にはそれぞれの個体に応じたリズムがあり、画一的《かくいってき》な教育に向かない子どももいる。そういう個々の特性や事情も考えず、効率を最優先にして、学校というシステムに無理やり押し込めようとするから、行き場を失った子どもは、自分の巣に引きこもるしか逃げ道がなくなってしまう。

だから、息子が高校生になっても学校をサボりがちで、自分の意志で高校を転校、退学といった、世間から見ると不安そのもののコースを辿《たど》るようになっても、私は「オレの子どもだから大丈夫だ」と思い、彼の健康だけを気遣《きづか》い、あとは本人任せにした。

マンガとテレビゲーム三昧《さんまい》の生活にしても、私に責任の一端があるから強いことはいえない。何を隠そう、嫁さんが入退院をくり返していた頃、私は札幌の仮住まいから息子を連れ出し、毎週のように札幌駅前のビッグカメラに通った。

ビッグカメラには、けっこう規模の大きなゲームコーナーがあった。「ここで遊んでいいぞ」といって一〇〇円玉を握らせると、息子は大喜びでゲームに熱中してくれた。

その間、私は電話で仕事の打ち合せ。長いときは二時間以上。むろん、嫁さんには内緒だった。

だが、バレた。

「あなた、あの子をほったらかしにして、電話ばっかりしているんだってね」

今となっては懐《なつ》かしい思い出だが、うれしいことに、最近、息子は自分から大学に進みたいといいだして勉強をはじめた。

学習の積み上げがないから苦労はするだろうが、何か自分の道を探し出そうとしているようだ。そっと好きな道を自分で探した彼の自立を、愛をもって見守るしかないと思った。

嫁さんは、ある時期から遺書の代わりだといって、子どもたちそれぞれに日記という形でメッセージを書きはじめた。「これは、死んでから渡してね」と。

しかし、彼女はその日記を途中で止めている。自分の人生は、日々の生活の中から自分で感じ取るものだ、と気づいて書くのを止めたのだろう。

「子育てはあなたにバトンタッチ。あなたが苦労しながら育てたらいいんじゃない。私は、子どもを産んで自分の役割を果たしました。子どもたちを自立させるのはあなたがやるのよ」

空白のページを見て、嫁さんは還《かえ》るべき場所に戻ったような気がしてならなかった。

教育とはなんだろうか。

周囲に助けられながら、何とか子育てをやってきた経験から、私は今さらながら「個々《ここ》の特性を伸ばし、生きる力を養うこと、人に感謝の気持ちをもてること、自立すること」が、何よりも大事ではないかと思うようになった。

現在、学長を務める北海道文教大学で、私の気づきを学生たちの成長に役立てられれば、子育てという大役を置き土産にして旅立った嫁さんも、「チャレンジ精神があれば、どんな困難も乗り越えられるのよ」といってくれるに違いない。

第五章

# 人生初挑戦のフルマラソン

## 運動不足おじさん、人生初のフルマラソンに挑む

「シャツよし、タオルよし、ゼッケンよし！」

二〇一四年一二月一五日、私はホノルル市内のホテルにいた。

鏡の前に立ち、全身をチェックする。

Tシャツには東京農大のロゴマーク。首にぶら下げたタオルも東京農大ブランド。ゼッ

# 正　誤　表

本書『人とつながる「笑いと涙」の40年 恵庭で描く地方大学のプラットフォーム構想』の内容に一部誤りがありましたので、謹んでお詫び申し上げますとともに、下記のとおり訂正させていただきます。

| 頁 | 訂正前 | 訂正後 |
| --- | --- | --- |
| 131頁 | 井上勝之 | 井上勝弘 |

丸善プラネット株式会社
2021年6月

ケンは、二日前にハワイコンベンションセンターで受け取った。

数時間後には、ホノルルマラソンがはじまる。

六三歳で、生まれて初めて挑戦するフルマラソンだ。

いつもクルマの移動ばかりで、ジョギングはもとより散歩すらしない私が、ロクな練習もせずフルマラソンに挑《いど》む。

「死ぬから止めたほうがいい」と本気で心配してくれた友人たちがいる一方で、日本を発《た》つ前に網走で行われた壮行会《そうこうかい》では、「おまえが完走したら寄付金も集まる。おまえは"旗振《はたふ》り募金委員長"だ。死んだら元《もと》も子《こ》もないが、走りきるんだぞ」と、わけのわからない声援で送り出された。

なぜ、私が大それたことに挑戦したかといえば、お金を集めるためだった。

二〇一六年に東京農大創立一二五周年を迎えるにあたり、大学のグローバル化を進めるために、「東京農業大学国際センター」の建設が決まった。その建設費の一部を寄付金でまかなうことになったのだ。

着工予定は二〇二一年。七年も先の話だったが、二〇一八年三月三一日、つまり平成二九年度末をめどに、募金活動をするのである。

私は二〇一四年に副学長に就任、広報委員長、募金委員長も兼務し、募金活動の旗振り役を仰《おお》せつかった。

しかし、卒業生や東京農大とつながりがある企業などに寄付を募《つの》るにしても、「お願いします」と頭を下げる従来の方法では説得力に欠ける。

「どうしたらいいかなあ、おまえら知恵を絞《しぼ》れ！」

網走でのミーティング中、すでに准教授や講師になっていた弟子たちに命じると、「これはどうですか」といって、一番弟子の相根義昌《さがねよしまさ》くん（現・教授）がタブレットを差し出した。

画面には「Just Giving」と英語で書かれたサイトが表示されていた。

「なんだ、これ？」

「ジャストギビングといって、ロンドンマラソンが開催されたときに運営資金を集めるために設立された財団です。日本にもあるので、ここのサイトを使わせてもらって、寄付金を呼びかけたらどうでしょう？」

相根《さがね》くんは四期生。ボツリヌス菌の研究で博士号を取り、八年間、ノルウェーの「Sars International Centre for Marine Molecular Biology」という海洋微生物の研究センターで博士研究員をやっていた。ヨーロッパの事情に通じている。

「どうやって寄付を募るんだ？」

「チャレンジしたことに対して寄付が集まる仕組みです。寄付金が多く集まるのは、マラソンみたいですね、共感を呼びやすいからでしょう」

「なるほどね」と受け流すと、相根《さがね》くんがふっと薄《うす》ら笑いを浮かべた。

「先生が走ったらいいんじゃないですか？」

「えっ、オレが？」

「はい。先生は、一生に一度はフルマラソンをやってみたい、といってたのだから、一石《いっせき》二鳥《にちょう》じゃないですか」

榎本武揚公の言葉「冒険は最良の師《し》なり」を唱《とな》えて、「何かにチャレンジしよう。勉強が嫌いなら、研究にチャレンジしてみればいいじゃないか」といって、学生たちを励ましてきたのは私自身だ。しかし、このタイミングでマラソンの挑戦を提案されるとは……。愛弟子《まなでし》に一本とられた。

引っ込みがつかなくなって、「そうか、じゃあ、一番有名なマラソンを調べてくれないか」と頼むと、彼は「ホノルルマラソンです。四二・一九五キロのフルマラソンですね」

と、即座《そくざ》に答えを返してきた。

ホノルルかぁ。家族四人で最後に訪れた街だ……。


こうして私は、ホノルルマラソンに挑戦することになった。

ジャストギビングの手続きは愛弟子に任せ、私はフェイスブックを使い、大会の一か月ほど前に参加表明をした。

情報は何度か更新して、そのつど状況報告をする。一一月初旬《しょじゅん》に呼びかけ、一か月少々で一〇〇名のサポーターが集まり、寄付金も一〇〇万円を超《こ》えた。

その一方で、異分野の人たちが集まる会合を開き、「東京農業大学国際センター」の建設主旨とビジョンを説明した。並行して、社長クラスの友人、知人にも電話をかけまくり、ときには直接訪問して頭を下げた。

原点とビジョンを明確に示す。

これは、エミュー・プロジェクトの産学連携で賛同者を集める際に身につけたノウハウだ。たとえばエミュー・プロジェクトなら、なぜエミューに注目したのかを語り、生態の特徴から製品化に至《いた》るまでの流れ、経済効果、学生たちのアクティブ・ラーニング効果などどともに、メディアにどのように取り上げられ、どういう反響《はんきょう》があったかなどを説明した。

そして、エミューをより魅力的に感じてもらうための味つけ、つまり、物語性をもたせた。そのほうが共感を呼びやすいからだ。

ホノルルマラソンも、走ったことがない私が挑戦するというので、関心が集まった。

ホノルルマラソン開催三日前にアップしたフェイスブックには、

「ハワイコンベンションセンターにてゼッケンを受け取りました、いよいよ明々後日《しあさって》（現地時間）、がんばります！」と書いてから、

「ホノルルマラソンチャレンジ寄付サイトはこちら」と書いて、リンクを貼りつけた。

抜け目がない、ちゃっかりしていると思われるくらいアピールしなければ、他人様からお金はいただけない。これでもし、私ががめつい人間ならひんしゅくを買うだろうが、私腹《しふく》を肥《こ》やすような人間ではない、という信頼関係があるから「あの渡部がそこまでやるなら」と応援していただけた。

## 寄付金増を目標に走って歩いてゴールイン！

ホノルルマラソン開催当日は、小雨《こさめ》が降っていた。

スタートは明け方五時。

アラモアナ公園から走り出した。

驚くことに、この年は約三万人がエントリーし、そのうち約一・三万人が日本人だった。

コースは、平坦な道を延々と走る。

カラカウア通りを抜け、ダイヤモンドヘッドを通過したあたりで約一五キロメートル。

海の青さにうっとりしている余裕などまったくない。ゼーゼー、ヒーヒーと呼吸が苦しくなり、足も痛い。

「常に新しいことにチャレンジされる（マラソンは個人的にはお勧めしませんが）先生の姿勢にはいつも頭が下がります。くれぐれもご自愛《じあい》しながら走ってください」とフェイスブックにコメントしてくれたe－クリニック（大阪）の岡本裕《おかもとゆたか》先生の言葉が浮かんだ。

岡本先生とは、嫁さんの治療を通じて親しくなった。不摂生《ふせっせい》な私が、動脈硬化で心筋梗《しんきんこう》塞《そく》や脳卒中《のうそっちゅう》で倒れたりするのではないかと、心配してくれたのだろう。

倒れるとは思わなかったが、途中から歩いたり走ったりをくり返した。途中で、栄養補給にバナナも食べた。そして、恵みの小雨。ダラダラと走りながらも、一〇時間二五分五秒でゴールインできた。

すぐに、フェイスブックを更新《こうしん》した。

一二月一五日
「完走！

応援していただいた皆さま、ありがとうございました。初めてのフルマラソンで完走いたしました」

すると、次々とコメントが入った。

「農大魂を感じました！」

「元気いただきました！」

「凄《すご》すぎます！」

数十件のコメントが寄せられたので、お礼をしなくちゃいけない。

私はこう書いた。

「皆さま、コメントをいただき、ありがとうございます。募金のお願いはまだまだ続けておりますので、どうぞ、ご協力お願いいたします」

私は、満身創痍《まんしんそうい》の身でも募金のアピールを忘れなかった自分をほめた。

## 頭脳も機器もシェアリング

東京農業大学国際センター建設の寄付金は、ジャストギビングでは約一〇〇〇万円。この他、大澤貫寿《おおさわかんじゅ》理事長や髙野克己《たかのかつみ》学長をはじめ、諸先生、職員の方々も一丸となって活動を展開したおかげで、二〇一八年三月末で、寄付件数は五〇〇〇件となり、約四億五〇〇〇万円も寄付金が集まった。

「笑友（エミュー）生どらやき」一〇個入り三二四〇円（税込）を、一三万八八八八ケース買える額だ。個数でいえば一三八万八八八八個分である。

大学の主な収入源は入学金や授業料、いわゆる学納金だ。国の助成金もあるが、こちらは年を追って減少傾向にあり、研究に必要な経費は減っている。

東京農大でボツリヌス菌の研究を行っていた当時、私の研究室には院生と学部生を合わせると、多いときで八〇名ほどいた。

研究室の主力研究者は私ではなく、「おまえは馬鹿だから」といって、私のために恩師の井上勝之《いのうえかつゆき》先生が招聘《しょうへい》してくださった大山徹先生。もちろん、私も研究していたが、私の場合は講義と学部運営に軸足《じくあし》を移していたので、大山先生あっての研究室だった。

二〇〇二年頃だったと思うが、A型からG型まで七種類あるボツリヌス菌神経毒素のうち、D型の構造解析《こうぞうかいせき》を行うことになった。

このD型菌ならびにC型菌は、牛、鶏、アイガモなどの家畜にボツリヌス症をおこす。人間はA型菌、B型菌、E型菌でボツリヌス症をおこすが、C型菌とD型菌では感染症にならない。ところが家畜の場合は、C型菌、D型菌に感染して発症すると、全身マヒによる呼吸困難であっという間に死んでしまう。

日本では、一九七〇年代に東京と大阪で数千羽の水鳥《みずどり》が死に、一九九四年には北海道で乳牛五〇頭のほか、飼育中のミンク数百頭が、C型菌毒素菌で死亡。その後、全国各地で散発的《さんぱつてき》に発生していた。そんなこともあり、私たちの研究グループは、D型菌毒素の正体を探《さぐ》ることにした。

ある日、いつものように研究チームでディスカッションをしていると、院生のあいだから「分析機器がないんですよね」という声があがった。

モノがないから研究できないとは、短絡的で後ろ向きだ。

自分の院生時代と比べれば、実験器具や機器ははるかに進化している。モノにあふれた時代に育った若手研究者たちは、「ない」という現状を前にすると、あきらめモードに切り替わってしまうことが多い。

「あのさぁ、お金がないからできない、機器がないからできないといってたら、先へ進めないじゃん」

私がこういうと、一同《いちどう》、ポカンとした表情を浮かべた。

「一億円もするような高額機器を、この研究室で買えないのは当然だろう。だからといって、せっかく大山先生のおかげで先端的な研究をやってきたのに、あきらめちゃうわけ？」

問いかけると、院生の長谷川仁子《はせがわきみこ》さんが「いえ、あきらめたくないです」とつぶやいた。

「そうでしょう。だったらさぁ、知恵を働かせようよ」

「はぁ……」

「おまえたちさぁ、友だちはもっているけど、自分はもってないものが必要なときどうする？　友だちから借りるだろ。それと同じことを大学と企業でやればいいだけの話だろ。分析機器をもっている企業と産学連携して、共同研究というかたちにすればいいんじゃないの？」

「あ〜ッ、そうですね！」

その場にいた全員が感動している。

「おまえら〜」

「はいッ！」

「こんな単純なことに感動してんじゃねえよ。おまえたち優秀なんだからさ、もっと頭を働かせてくれよぉ〜」

彼らは、一九八九年に入った一期生よりひとまわり年が若い。新たに入学してくる学生たちは、年々、上品になっていた。一期生が網走の海岸で咲くハマナスなら、ひとまわり年下は、潮囲いの中で栽培されたホップといった感じだろうか。

「機器をもっていそうな企業をオレがあたってみるから、見つかったら共同研究をやらせてもらえ」

というわけで、私は研究に必要な科学機器の製造販売を行っている株式会社リガクの鈴木氏（現・取締役専務執行役員）と山野博士（応用技術センター長）、株式会社第一三共の池田博士、日本電子株式会社の及川氏らに共同研究を打診《だしん》した。その結果、どちらの企業もＯＫ。さらに、二〇〇三年度、二〇〇四年度の二年間で三七〇万円の補助金も国からいただけた。

そして、長谷川さんは二〇〇四年に修士論文「ボツリヌスＤ型菌４９４７株神経毒素《かぶしんけいどくそ》の分離と異種血清型毒素複合体《いしゅけっせいがたどくそふくごうたい》の再構成」を発表し、二〇〇七年には博士号論文「２００７年電子顕微鏡《でんしけんびきょう》およびＸ線結晶解析《せんけっしょうかいせき》を用いたボツリヌスＤ型毒素複合体のサブユニット構造に関する研究」を発表。めでたく博士になり、共同研究先の株式会社リガクに就職した。

この研究では、彼女と同期で、雑誌のエミュー取材で撮影時に私の餌食《えじき》になりかけた鈴木智典《すずきとものり》くんもがんばった。

二〇〇四年には「ボツリヌスＤ型菌４９４７株毒素複合体《かぶどくそふくごうたい》タンパク質の単一構成成分および複合体のトリプシン感受性」で修士、二〇〇七年には「ボツリヌスＤ型毒素複合体のサブユニット間相互作用部位《かんそうごさようぶい》に関する研究」で博士になった。

同期生ふたりが切磋琢磨《せっさたくま》しての研究だったから、大きな成果を生んだのだろう。

さらにいえば、産学で共同研究を行うと、それぞれのチームのメリットがダブル効果となり、大きな成果につながる。

先にふれたサッポロビールと東京農大の共同研究によるオホーツク沿岸でのホップ栽培の成功にしても、製造・販売というサッポロビールの技術と経験があってこその成果。そして、こうした産学連携での成果を生む一番の根っこにあるのが、「人との出会い」だ。

出会いがあるからアイディアや資金も集まり、関係者それぞれにやる気も出てくる。

三人寄れば文殊《もんじゅ》の知恵。

その先には、相乗効果《そうじょうこうか》という末広《すえひろ》がりの未来が待っている。

## 即断即決、大学経営にもスピード感を

当たり前のことだが、大学にとっての資産は、お金だけじゃない。土地、建物、設備などを含めた総資産がどれだけあるかが評価につながる。また、これらに加えて、経営力と教育力も間接的な資産ではないかと思う。

二〇〇九年春のことだった。

一九八九年の開設以来、順調に入学希望者が増え、それにともない定員数も増えてきた東京農大オホーツクキャンパスの生物産業学部食品科学科で異変がおきた。八〇名の定員に対して七八名しか入学者がいなかったのだ。つまり定員割《わ》れである。

定員割れは、入学金や授業料収入が減ることを意味する。さらに、補助金にも関わってくる。

私学の場合、国の補助金は「一般補助」と「特別補助」の二種類ある。

当時、一般補助金は収容定員充足率が九割以下になると、段階的に二パーセント以上の減額となり、充足率五割以下は補助金が交付されなかった。定員割れは、大学経営において悩みのタネなのだ。

嫁さんの治療のために、札幌市内に借りたマンションで週末を過ごしていた私の携帯電話が鳴った。

「渡部、今どこにいる？」

「札幌だけど」

「そっか、たいへんだな。ところで、オホーツクを立て直すのは誰だって、大澤学長が怒ってるんだけど、明日、東京に来たほうがいいぞ」

電話の主は、当時副学長だった髙野克己《たかのかつみ》先生だった。

当時の私は、嫁さんの看病を優先して、役職のたぐいにはいっさい就《つ》いていなかった。

「出張費も出ないのに、なんで理事でも学部長でもないオレが呼ばれなきゃならないんだ」と思いながらも、院生時代に「外人部隊」と蔑《さげす》まされていた私をかばい、友として四〇年も付き合い続けてくれた髙野副学長（現・学長）の助言だ。無視《むし》するわけにはいかない。私は翌朝の便で、札幌から東京へと向かった。

学長室に入ると、入れ替わりで髙野副学長はス〜ッと姿を消した。

部屋には大澤貫寿《おおさわかんじゅ》学長（現・理事長）と私だけ。

学長は重厚《じゅうこう》なデスクの前に、憮然《ぶぜん》とした表情で座っていた。映画『ゴッドファーザー』のマーロン・ブランド。イヤな予感がした。

「学長、何か、お怒《いか》りにふれるようなことをしたでしょうか？」

「おまえ、最近、仕事してないじゃないか？」

「えっ？」

身に覚えのない話だ。

「松田理事長から、おまえは今まで一生懸命オホーツクのためにやったから、ノンビリしろといっていただいたので、金曜日の最終便で家族がいる札幌へ行って、月曜日には網走に戻っています。だから、仕事に支障はないと思いますが」

「そういうことをいってるんじゃない。産経《さんけい》は定員削減が続いて、二番手の食品科学科も二名の定員割れというのは、どういうことなんだ?」

産経とは産業経営学科の略で、現在は自然資源経営学科という。どういうことだと問いただされても、役職に就いていない私を叱《しか》るのは、お門違《かどちが》いだ。

かつて、「おまえは、ボツリヌス菌の研究をやってすごいな」とほめてもらったことがあり、「なんて優《やさ》しい先輩だ!」と思っていたから、手の平《ひら》を返したような態度にムッとなった。

だが、ここで腹を立ててもはじまらない。思い直して、冷静に対応することにした。

「たしかに入学志願者は減っていますし、レベルも落ちてきたと思いますが、偏差値だけで教育をするということには、疑問を感じてます」

学長はフンという表情を浮かべた。

「おまえ、学生を集めてないだろ。学生を集められない教授は仕事してないってことだろ、違うか？」

痛いところを突かれた。たしかに、教授職ともなれば入学者の確保まで考えなければならない。だが、「おっしゃるとおりです」と返せば、自分の非を認めてしまうことになり、叱《しか》られ損《ぞん》で終わりかねない。

さて、どう切り返そうか？

私は、自分の気持ちを率直にぶつけてみた。むろん、学長の気持ちを忖度《そんたく》したうえで。

「オホーツクを心配している大澤先生の気持ちは、よくわかりました。でも、私はオホーツクキャンパスの学部長でも学科長でもありません。一兵卒《いっぺいそつ》の私が定員割れの責任を問われるのは心外《しんがい》です」

「ほぉ、心外ね。じゃあ、聞くが、定員割れしない方法はないのか？」

脳みそが急激に回りはじめていた。私は即座にこう答えた。

「学科を変えましょう」

「ええ〜ッ、学科を変えるだって⁉」

「そうです。学科を変えて学生を集めるんです。ぼくは、学生を集める仕事に徹《てっ》しますから」

こうして、ものの五分で学科の改組《かいそ》が決まった。理事会を開き、討議を重ねてから決定するのが普通だが、そんな悠長《ゆうちょう》なことをやっていたら、二〇一〇年四月の入学者がまた定員割れになるかもしれない。大澤学長はその場ですぐに方針を決めた。その先見性と判断力には敬服した。そして、これはなんとしても成功しなくてはとギアが入った。

私の脳みそが、ここぞというときにフル回転するのは、日頃から情報を集め、脳みその引き出しにしまっておくからだ。腹が減っては戦《いくさ》ができぬ。毎日、メシを食って体力をつけておくように、脳みそにも情報というメシが必要だ。

日本社会の風潮を反映して、大学という組織も物事《ものごと》が進みにくい。

世の中は目まぐるしい勢いで動き、大学の過当競争時代に旧態依然《きゅうたいいぜん》とノンビリやっていたら、他大学に学生を奪われてしまう。大学間の学生獲得競争に負けたら、その先にあるのは閉校《へいこう》しかない。

昨今とくに、地方の小さな私立大学で定員割れが目立つのも、スピード感が足りていないのではないかと、二〇一八年に学生数二二〇〇名の北海道文教大学《ほっかいどうぶんきょうだいがく》の学長に就任して、痛烈《つうれつ》に感じている。多くの教職員がおっとり。余計な事務処理も多い。簡素化するように助言しても、これがなかなか変わらない。

なぜだぁ～？

シャイな私には「世界の中心で、愛を叫ぶ」なんて、小《こ》っ恥《ぱ》ずかしいことはできない。

だが、この本の中で改革を叫ぶことはできる。

「シンプル　イズ　ベスト」だろ～！

閑話休題《かんわきゅうだい》。東京農大の食品科学科は、一年後の二〇一〇年度には「食香粧学科《しょくこうしょうがっか》（現・食香粧化学科《しょくこうしょうかがくか》）」に姿を変えた。

加工食品には香料が使われる。また、大澤学長の研究室の出身者に、長谷川香料に工場長として働いている方や、他の香料会社にも卒業生がいて、そのマーケット調査に協力していただいた。資生堂や他の化粧品会社にも卒業生がいた。

食品用と化粧品用、それぞれの香料の講座をコラボレーションすれば、就職先の幅が広がり、それにともない入学希望者も増えると考えた。

大澤学長、髙野副学長のアドバイスで大きく前進し、次々と人脈がつながった。

網走に隣接する北見市には、国立大学法人北見工業大学があり、ここには漢方薬の専門家でもある薬学博士の山岸喬《やまぎしたかし》教授がいた。

山岸先生は、地域活性化の一環《いっかん》で、北海道の海岸地域に広く自生するハマナスの果実の有効活用を研究していた。

ハマナスの果実には、加齢臭を防ぐ効果がある成分や炎症を防ぐ成分が含まれている。そこで地元農家と連携してハマナスを栽培。ハマナスの果実を使ったハーブティーを製品化させるなどして、町おこしに取り組んでいた。

ボツリヌス菌研究者の大山徹先生の紹介で知り合い、「地域創生」という共通点で交流が続いていた。

人脈もまた財産である。

山岸先生には「知恵」という無形の財産を寄付していただき、さらに、大手の香料会社も紹介していただいた。

他にも、国際経営コンサルタントの友人、中野光敏《なかのみつとし》さんには株式会社ＤＨＣの主席顧問、宮下忠芳《みやしたただよし》さんを紹介してもらい、授業のない日は上京して、せっせと香料会社や化粧品会社を訪ね歩き、新学科への移行にともなう連携体制の準備を進めた。

また、株式会社アルビオン化粧品の小林章一《こばやししょういち》代表取締役社長の支援で寄附講座、食香粧研究会を設立することもできた。

## 経験が生きた定年直前の大仕事

大学にとって、「連携」もまた、財産である。連携先は企業、他大学、自治体などさまざまだが、連携することで自分たちにはないモノ（分析機器など）・知恵・技術・人などがもたらされる。

逆に、相手方も大学がもつ知的・人的財産を活用でき、さらに、双方とも相手方のブランドによる「七光り」効果も期待できる。

七光りとは、えげつない！

しかし、あえて開き直っていうと、受験大学選びの際には、当事者も保護者も卒業生の就職先や大学そのものの活動状況をチェックする。気《き》の利《き》いた人なら、その企業や連携先のことも調べるかもしれない。インターネットで公式サイトを訪問すると、ある程度のことはわかる。

「へえ〜、この大学は×××企業と連携協定を結んでいる。△△△大学とも連携している。社会から信頼されているのだな」という受験生や保護者の評価が、入学動機につながる可能性もあるだろう。

一方、産学連携では、小さな企業には特にプラスに働く。研究開発に力を入れたくても、資金力が乏《とぼ》しくてできないが、それが連携によって補《おぎな》われるからだ。

まあ、とにかく、大学にとっての「連携」は、可能性を広げる夢の扉であることはまちがいない。

さて、その夢の扉。

東京農大に在職中、私は七〇件ほどの連携協定に関わった。そのうち、在職中で最後となったのが、ロシア極東連邦総合大学との協定締結だった。

二〇一七年の早春。

学長から理事長になっていた大澤貫寿《おおさわかんじゅ》先生から、ある日呼び出しを受けた。例によって、ゴッドファーザーは不敵《ふてき》な笑みを浮かべながら私にいった。

「おまえはエミュー・プロジェクトで成果をあげたが、農大オホーツクキャンパスのさらなる発展のために、もう一肌脱《ひとはだぬ》がないか？」

大澤先生は昆虫のフェロモンの研究者。私と違って、英語も達者《たっしゃ》。頭脳明晰《ずのうめいせき》にして、行動力、決断力、ネットワーク力に優《すぐ》れ、経営手腕も持ち合わせている。私はとても歯が立

たない。黙って話を聞いていると、

「おまえの定年前に、オホーツクキャンパスに大きな柱、社会的に貢献できるでっかいことをやらないか？　何か考えろ」と、またしても難題《なんだい》を突《つ》きつけられた。しかし、このときばかりはアイディアが浮かばず、そのまま数週間がすぎた。

四月に入り、ゴッドファーザーから、東京に来いと、また、お呼びがかかった。

「渡部、頼んでいた件は思いついたか？」

「いえ、まだです……」

「おまえにしては珍しく何もいってこないと思ったら、やっぱりそうだったか。オレが答えを用意したぞ」

ゴッドファーザーは続けた。

「生物産業学部のキャンパスは網走だ。目の前にはオホーツク海。そして、北方領土がある。サハリンにも近い。これからはロシアに目を向けて、向こうの大学と連携しないか」

東京農大は台湾、アメリカ、カナダ、メキシコ、ブラジル、モンゴル、韓国、中国、ベトナム、タイ、スリランカ、イスラエル、イギリス、オランダ、フランスなど、三〇数か国の大学とすでに連携協定を結んでいた。だから、さほど驚きはしなかったが、ロシアの大学と連携して何かメリットがあるのだろうか?

そもそも、私自身はロシアというと、トルストイ、ドストエフスキー、ツルゲーネフ、それに、ロシア産のカニぐらいしか知らなかった。

いや、待て。

東京農大の産みの親である榎本武揚公は、樺太《からふと》・千島交換条約交渉《ちしまこうかんじょうやくこうしょう》のために、初代ロシア公使としてサンクトペテルブルクに赴任している。

オホーツクキャンパスの黒瀧秀久《くろたきひでひさ》教授が、たまたまその頃、榎本武揚の人物伝を岩波ジュニア新書向けに執筆中で、私は以前から榎本武揚のさまざまな功績を聞いていた。

私は何か新しい事業をはじめるにあたり、いつも「物語性」にこだわる。

榎本武揚公は幕末に、当時「蝦夷《えぞ》」と呼ばれた北海道内をまわり、オホーツク海沿岸地域も視察したというから、東京農大がロシアに着目するのは筋が通る。

私は友人を介して、外務省の方を紹介してもらった。そして、大澤理事長から提案を受けて間もない五月には、サンクトペテルブルクにいた。現地で日本人オーケストラの演奏会が開催され、外務省の方のアドバイスで、そのツアーに便乗《びんじょう》させてもらったのだ。

世の中は待ったなし。

そう思って事にあたらなければ、せっかくのチャンスを棒《ぼう》に振ってしまうことだってある。私は、プーチン大統領の出身校であるサンクトペテルブルク大学との連携協定を目論《もくろ》んだ。

ロシアを訪れたのは初めてだった。観光都市、サンクトペテルブルクの街は、聞きしに勝《まさ》る美しさで「エルミタージュ美術館」、「ピュートル大帝の夏の庭園」、「エカテリーナ宮殿」等々、帝政ロシア時代の栄華《えいが》を誇る豪華絢爛《ごうかけんらん》な建物に圧倒され、高校時代に読んだ文豪《ぶんごう》たちの小説を思い出した。

同級生の女の子に「ロシア文学も読んでないの？」となじられ、渋々《しぶしぶ》手にとった小説を思い出した。当時は、小説の時代背景がわからず、ちっとも面白くなかったが、実際に散策すると、小説の臨場感《りんじょうかん》が増す。「これは、ぜひ、学生に見せるべきだ」と、サンクトペテルブルク大学との連携後の学生間交流を思い描いた。

しかし、結果をいえばこれは失敗に終わった。

## 交渉前の調査と根回しで先手必勝！

その後、連携協定の交渉先は大澤理事長の判断で、ウラジオストクにあるロシア極東連邦総合大学に切り替えられた。

教授陣から「なんだ、ウラジオストクか」と落胆《らくたん》する声もあがったが、この大学は、二〇一五年から毎年開催されている「東方経済フォーラム」の会場だ。

プーチン大統領は、二〇一五年第一回目の講演で、「極東ロシアは、ロシアの発展の要になる」と語り、「安倍・プーチン会談」もここで開催されている。

ロシア政府は、学術分野の交流も進めたい意向だ。東京農大の網走キャンパスと緯度も同じ。そして、一八七八年には、榎本武揚もウラジオストク港から帰国の途《と》に就いた。物語性は十分だった。

ところが、事務方に調べてもらうと、ロシア極東連邦総合大学には三万数千人も学生がいる。

私は一計《いっけい》を案じた。

時間はない。行くなら六月。

だが、東京農大の学生数は約一万三〇〇〇人。いきなり交渉を打診《だしん》しても、相手にされるわけがない。

そこで、大澤理事長に紹介された元外務省の方を通じて、ロシア極東連邦総合大学の副学長に連絡を取ってもらい、訪問のかたちで連携の話し合いの場をつくってもらった。

グローバル化のために以前からあった国際協力センターの職員二名が、通訳として同行しただけで、他には誰もいない。秘密裏《ひみつり》の根回《ねまわ》しだ。

副学長に会い、型《かた》どおりの大学案内、そして話し合いをしたものの、「すぐに連携協定にはいかない」との回答だった。このまま帰国したのでは子どもの遣いだ。

宴会《えんかい》を開こうと、ロシア極東連邦総合大学の日本学科の学科長にセッティングを頼むと、同行していた国際協力センターのひとりが、「なんで、農大が接待《せったい》しなきゃいけないんですか?」と不満を口にした。国際的にはその国の側でウェルカムパーティーを開かない場合、こちらが宴席を用意する必要はないらしい。それが常識だというが、そんなことを悠長にいっている場合ではなかった。

「おまえさぁ、こういう場面では常識もへったくれもねえんだ。いちばん重要なのは目的を達成することだ。学長と理事長にはオレがいうから金を使え」

宴会の席には、ロシア極東連邦総合大学副学長の他に土壌学《どじょうがく》の教授がおり、さらにもうひとり、日本語を流《りゅう》ちょうにあやつる人物がいた。琉球大学《りゅうきゅうだいがく》に留学したという日本語学科の学科長だ。驚くことに、彼は榎本武揚《えのもとたけあき》の研究をしていた。

幸先《さいさき》がよさそうだ。

ふだんはそんなに飲まない私も、この夜は「カンパイ」を連呼《れんこ》しながら、ウォッカを楽しんだ。

ロシア極東連邦総合大学は規模が大きい。当初の予定では、オホーツクキャンパスの生物産業学部との連携協定だったが、急遽《きゅうきょ》、予定を変更して、東京農大とロシア極東連邦総合大学との連携協定を提案した。

その様子を見ていた同行のふたりは、「そういう大事な決断を、副学長は任せられているんですか？」と怪訝《けげん》そうな表情を浮かべていたが、私が国際電話で、理事長と学長の了解を得ていたとは思っていなかったらしい。

交渉の場では、どんな展開になるかわからない。

だから、事前に下調べをしておく。

そして、状況をいくつか想定し、本番に臨《のぞ》むようにしている。そうすれば、本番でA案が通らない場合は、すぐB案に切り替えられる。この時がまさにそうだった。

常識、慣例《かんれい》、過去の事例などに則《のっと》り物事を進めると、何かトラブルが起きた時、「従来どおりだから」と言い逃れはできる。だが、新しいことをやろうという時、事なかれ主義では先へ進めない。

覚悟を決める。どんな場面でも腹をくくって挑むと、大澤理事長の教えどおり、うまくいくものだ。

榎本武揚をはじめ、幕末のヒーローたちがカッコイイのも、覚悟をもって生きていたからだろう。「その"覚悟"をもって生きれ」と、大澤理事長から教えられ、いつも心がけて生きている。

## 厳しい冬の後には必ず春が来る

ロシア人は、大らかで人が好いと聞いていたが、実際、そのとおりだった。

外見こそ全然違うが、気候が厳しいという共通点が人間性にも影響を与えているのか、開《あ》けっぴろげなところはどこか道産子《どさんこ》と似ている。初対面でも話がはずみ、当日は同席していなかったロシア極東連邦総合大学の学長の話題になった。

「学長は三八歳で、サンクトペテルブルク大学を卒業した数学者です。七月に日本へ行くんですよ」と副学長の言葉を、榎本武揚マニアの日本学科長が通訳してくれた。

「プーチン大統領は極真空手《きょくしんからて》をやっており、東海大学の山下泰裕《やましたやすひろ》教授とも交流があります。彼はロサンゼルスオリンピックの金メダリストですね。その山下先生がいる東海大学とわが校は、連携協定を結んでいます。学長は表敬訪問のために日本へ行くのですよ」

なんという幸運！

私は身を乗り出して副学長に頼んだ。

「学長が来日するとき、ぜひ、東京農大の髙野学長と会うセッティングをしてもらえませんか？」

私の日本語を、榎本武揚マニアの日本学科長がロシア語に訳してくれる。ペラペラと飛び出すロシア語。何をいっているのか、ちっともわからない。

根室市《ねむろし》の納沙布岬《のさっぷみさき》から、ロシアが領土と主張する貝殻島《かいがらじま》までわずか三・七キロしかないというのに、私がにわか仕込みで覚えたロシア語は、「ズドゥラストゥヴィーチェ（こんにちは）」、「ダスビダーニャ（さようなら）」、「スパシーバ（ありがとう）」のあいさつ基本三語のみだった。ロシアは北海道からいちばん近かったが、いちばん遠い隣人《りんじん》だと痛感した。

ただ、その「近くて遠い隣人」とぜひ、お近づきになりたい。幸い、副学長は学長と友だちだという。私は、ロシア人の彼らにも切実《せつじつ》な思いが伝わりそうな言葉を選んで、こうお願いした。

「副学長、私は連携協定を結ぶためにウラジオストクまで来ました。これが成功しなければ切腹《せっぷく》です」

同行のふたりは、シラけきっていた……。

帰国後は、国際マスターの方々と榎本武揚マニアの日本学科長にお願いして、ロシア極東連邦総合大学学長と東京農大学長を引き合わせる準備を進めた。

彼はこちらの状況を的確に把握し、親身《しんみ》に対応してくれた。そのおかげで、先方の学長と髙野学長の顔合わせをセッティングできた。

場所は、都内の箱崎《はこざき》ジャンクションにあるホテルだ。

日本での日程を終え、成田空港に向かう途中で立ち寄ってもらう。先方の学長の七月来日チャンスを逃すと、いつ面会できるかわからない。厚《あつ》かましいのは承知の上だ。この年の九月には、安倍・プーチン会談が予定されていた。その前座《ぜんざ》で協定を結べば、メディアが注目してくれるのではないかと考えていた。

そして、八月三〇日。ウラジオストクで、先方の学長と髙野学長とが連携協定を結んだ。

通常、海外の大学との連携協定では一年かかる。が、このときは七月に行われた学長間の初回交渉から協定締結まで一か月だった。

行き当たりばったり。

こうして私は、ゴッドファーザーのミッションを無事に完了し、二〇一八年三月で東京農大を去った。

その後、ウラジオストクでは、東京農大×ロシア極東連邦総合大学×日立グループ×ユーラシア商社イノベーションの産学連携で、「いちごの温室栽培プロジェクト」がスタートした。いつかロシアでも、甘くてほんのり酸っぱい「いちごパフェ」なんていうのが流行《はや》るかもしれない。これに、ビターなチョコレートを合わせたら、「プーチンパフェ」。甘いもの好きの私としては、そんな日が訪れることを心から願っている。

食を介した文化交流は、政治・経済の壁を越えて、人を口福《こうふく》にする力があるからだ。口福の先にあるのは、笑顔と幸福。

絶望から立ち直るには、幸せだった過去をエネルギーに替えて、新たな幸せを信じる。自分は不幸の連続だったと思っている人も、一つや二つ、うれしい、楽しいと感じたことがあるはずだ。

冬のあとには、必ず春が訪れる。それまでは日だまりの猫になった気分で、陽光の温もりに身も心もゆだね、「冬だから、こんな幸福感を味わえるんだ」と逆転の発想で乗り越えたいものである。

# 第六章

# 花のまち恵庭で、北海道文教大学発プラットフォーム

## 出戻り元講師、学長になる

二〇〇八年に、高島屋新宿店で開催された「第一回　大学は美味《おい》しい」展。エミュー卵を使った「笑友（エミュー）生どらやき」をスーツ姿で売っていた私の前に、白髪の紳士が現れた。

「渡部先生、元気にやっとるようだね」

温和《おんわ》な声と笑顔。学校法人鶴岡学園北海道栄養短期大学（栄短《えいたん》）の就職でお世話になった鈴木武夫《すずきたけお》先生だった。

鈴木先生は、七〇歳で日本私立短期大学協会を定年退職してから、かねてより理事を務めていた鶴岡学園の理事長に就任。短大を「北海道文教大学」へと改組《かいそ》させ、自宅がある東京から毎週、北海道の恵庭市に通っていた。毎年、年賀状だけは欠かさなかったが、もう何年もお会いしていなかった。

「え〜ッ、鈴木先生、どうしてここへ？」

「きみの年賀状に、イベントをやるから来てくれと書いてあったからねえ」

七〇〇人くらいに年賀状を出したので、すっかり忘れていた。非礼《ひれい》をお詫びして、「笑友（エミュー）生どらやき」をたくさん買っていただき、その場はそれっきりになった。

ところが翌年、鈴木先生が東京農大オホーツクキャンパスにやってきた。イベントをきっかけに、北海道放送が制作・全国放映した大学ブランド食品がテーマのドキュメンタリー番組を見て、エミュー牧場を視察したくなったという。

結局、鈴木先生は三〜四回、網走まで足を運んでくださった。

網走でうまいホタテを食べたいのだろうか？それとも、エミュー肉の刺身を気に入ってくださったのかな？

数度の来訪理由をグルメに結びつけていたから、北海道文教大学の学長招聘《しょうへい》の話をいただいたときには、あまりにも予想外のリクルート話に、いつもは即断即決《そくだんそっけつ》の私が即答《そくとう》を控《ひか》えたほどだった。

東京農大の定年退職は満六五歳だ。

一方、北海道文教大学の学長も兼任していた鈴木先生は、当時、すでに八〇歳を越え、すぐにでも来てほしいとのことだった。副学長の務めを終えてからとの約束で、学長就任の話を引き受けることにした。いうなれば、出戻《でもど》りである。

生涯現役で、教育者として社会に貢献したい。そう思っていたから、本当にありがたい話である。そして、これは高島屋のイベントに参加したからこそ再びつながった縁だったのだ。

「エミューはやっぱり神の鳥だ」と思うと、つぶらな目をした無愛想《ぶあいそう》なエミューでも、なんだか急に愛《いと》おしく感じた。

鈴木先生には、ぜひ、エミューのパワーを実感していただきたい。私は、エミューのPRも兼ねて、産学連携で開発した「エミューモイスチャーオイル」や「エミューオイル配合石けん」などを贈った。

大学という〝鳥かご〟で過ごしていると、こういう「ちょっとした気配り」が意外とおろそかになりがちだ。

気配りとは相手への配慮だ。それは別にモノである必要はない。「気《き》を利《き》かせて物事にあたる」。これができれば、仕事はスムーズに進みやすい。

「新太郎先生、トシ先生、いつもありがとうございます。今日も一日、学生、教職員が無事にすごせますよう、見守ってください」

毎朝の出勤前、北海道文教大学の正門脇に立つ、鶴岡学園創設者ご夫妻の胸像《きょうぞう》に向かって手を合わせるのが私の日課になった。

感謝の気持ちと気配り。

大学人として四〇年以上にわたり生きてこられたのも、この二つを大切にしてきたからだと思う。

## 戦時中に栄養学校を創設した鶴岡夫妻の偉業

一九四五年二月、女子学生三〇数名が札幌駅から滋賀県《しがけん》に向けて列車に乗りこんだ。琵琶湖の干拓事業に送り出された女子挺身隊《ていしんたい》だ。全員、「北海道女子栄養学校」の学生で、炊事班として派遣された。

B29爆撃機にいつ攻撃されるかわからない中で、鶴岡トシ校長がたったひとりで引率した、命がけの移動だった。

北海道女子栄養学校は、日本で六番目の栄養士養成施設として、真珠湾攻撃から半年後の一九四二年六月に、札幌市の中心部で産声《うぶごえ》をあげた。

創設者は鶴岡新太郎、トシ夫妻。

新太郎先生は一九一九（大正八）年に東京から移住。調理の腕と栄養学の知識を買われ、北海道庁から委託されて道内各地で調理指導を行う一方、北海道庁立札幌高等女学校（現・北海道立札幌北高等学校）で家庭科教諭として活躍していた。

かたやトシ先生は茶道と華道の教授。北海道にあこがれ、新潟県の小学校教員の職を捨てて、一九一八（大正七）年に、単身で札幌へ移住。そして、新太郎先生と見合い結婚をした。

魚介類の豊富な沿岸地域を除くと、北海道の内陸部で農業や林業で暮らしを立てていた開拓者たちの食生活は質素で、飢《う》えに苦しむ人々が大勢《おおぜい》いたそうだ。

道内各地での調理講習会で悲惨《ひさん》な現状を目《ま》の当《あ》たりにした新太郎先生は、栄養指導ができる専門家の育成を自らの手で実現しようと、二〇年以上の歳月をかけて準備をした。

そして、妻のトシ先生をはじめ、北海道大学農学部の教授陣や北海道庁立札幌高等女学校の校長や教員らの助けを借り、私財を投じて学校を設立。トシ先生を校長に据《す》え、自らは調理講師として実習指導を行った。

北海道女子栄養学校は戦後、「北海道栄養学校」と名称を変え、一九五九（昭和三四）年に学校法人鶴岡学園が発足《ほっそく》した。藤の沢女子高等学校（現・北海道文教大学明清高等学校《めいせいこうとうがっこう》）を創設《そうせつ》するとともに、北海道で初の厚生大臣（当時）認可の調理師学校を開校。さらに、一九六三年四月、いわゆる専門学校だった北海道栄養学校を、改組転換で「北海道栄養短期大学」に昇格させた。

本書でも何度も出てきたこの「栄短《えいたん》」は、女子の短大進学率上昇の波に乗り、道内では知られた存在となった。私が、最初に就職した当時もまだ勢いがあった。

しかし、女子の四年制大学進学率の高まりに伴って、再び改組転換を迫られ、四年制大学への移行を前提として、一九九四年には「北海道文教短期大学」と改称。一九九九年に外国語学部だけでの開学となった「北海道文教大学」に、二〇〇三年に「人間科学部健康栄養学科」を新設するまで短大の栄養学科のかたちをとった。

短大卒では栄養士の資格しか取れないが、四年生大学卒だと、国家試験の管理栄養士受験資格が得られ、高い合格率を維持して現在に至っている。

寿司屋で「うまい、うまい」と食べている「ハマチ」と「ブリ」が、スズキ目アジ科の同じ魚だとは知らない人が多いように、北海道文教大学は「出世魚《しゅっせうお》」ならぬ「出世学校」だった。ところが、度重なる名称変更が仇《あだ》となったのか、全国で六番目にできた栄養士養成学校という由緒《ゆいしょ》も、すっかり忘れられていってしまった。

私は学長就任にあたり、運営母体の鶴岡学園史を初めて熟読《じゅくどく》した。三〇数年前に講師をやっていた当時は、正直いって沿革には関心がなく、鶴岡トシ先生が大正時代にひとりで移住したことに、まず驚かされた。

また、新太郎先生がテレビドラマ『天皇の料理番』のモデルといわれる秋山徳蔵《あきやまとくぞう》氏と親交があり、道外でも調理講習会を開くほど知られた存在だったことにも興味を覚えた。

新太郎先生は、生まれ育った東京・深川時代の身の上を、札幌では周囲にほとんど語ろうとしなかった。明治時代に明治大学法科を中退して、調理の道に進んだことだけは、直筆《じきひつ》の履歴書に書かれている。ところが、どういう家庭で育ち、どんな事情で札幌に移住したのか、よくわからないのだ。

新太郎先生について調査をしている北海道文教大学外国語学部の中村至《なかむらいたる》教授によると、深川にあった実家の料理屋で、板前修業をしたらしいのだが、札幌移住の経緯はわかっていない。ダンディで多趣味。そのうえ、糖尿病を患《わずら》うほどのグルマン。

何でも超一流を好み、当時も今も札幌では最高級にランクされる「札幌グランドホテル」で、学生のマナー講習会を開いていたほど本物志向だったというから、裕福な家庭で育ったのだろう。

それゆえ、麦飯《むぎめし》にみそ汁をぶっかけ、漬物で空腹を満たしていた開拓者たちの食生活は信じがたい光景に映ったに違いない。そうして、栄養学校設立という志気《しき》に燃えた。

夫婦ともに敬虔《けいけん》なクリスチャンだったことも影響したのだろうが、超一流を知る新太郎先生だからこそ成し得た偉業《いぎょう》だった。

しかし、食糧自給率《しょくりょうじきゅうりつ》約二〇〇パーセント、グルメ王国北海道のブランド力の陰《かげ》に、鶴岡新太郎という「食の開拓者」の存在があったことは、つい最近まで鶴岡学園のごく一部の関係者のあいだでしか知られていなかった。

恥ずかしながらこの私も知らなかった。もし私がＮＨＫの「チコちゃんに叱られる」に出たら、「ボーッと生きてんじゃねえよ！」と、叱られているところだ。

## ナゾ多き創設者の料理本を復刻

和食文化の原点ともいえる出汁《だし》は、昆布《こんぶ》と鰹節《かつおぶし》の出会いからはじまる。

その最初の昆布は函館でとれる「真昆布《まこんぶ》」。室町時代、すでに京都で流通していたことが、『庭訓往来《ていきんおうらい》』という室町時代から明治初期まで寺子屋で使われていた教科書に記録されている。

ところが、北海道では昆布と鰹節で出汁をとる習慣が、わりと最近まで普及していなかった。さらに新太郎先生が移住した当時、北海道での加熱調理器具は、かまど、七輪《しちりん》、ストーブなどが使われ、食材を焼く、煮る、炊くといった簡素な調理法が主流だった。

グルマンで、外国大使の家庭でも調理人として腕をふるっていた新太郎先生が、こうした北海道風の食事に満足したとはとても思えない。とくに和食には一家言《いっかげん》あったはずだ。調理講習で栄養指導の必要を感じて栄養学校の設立を思い立った背景には、「どうせ食べるなら、料理は美味《おい》しくあるべき」といった思想もあったことだろう。

というのも、新太郎先生は大正時代から昭和初期まで料理本を何冊も出版し、さらに一九六一年には『料理法百たい(1)』という和洋中一〇〇種類のレシピを紹介する本を出しているのだ。

その中には、道産の食材を使ったオリジナルレシピもある。新太郎先生は、「北海道独自の料理」を創《つく》り、広めようとしたのである。

実は、この本に込められた想いを復刻版として蘇らせようと考え、二〇二一年春に刊行予定である。初版の制作から六〇年も経過しており、人間科学部健康栄養学科の講師、山森栄美《やまもりえみ》先生にお願いして現代風に手を加えていただいた。

山森先生は茶懐石《ちゃかいせき》に興味をもち、大学でスペイン語を学んでいた四年生の夏休みに中退して和食の世界へ。さらに、東京農大で栄養学の修士まで取った経歴の持ち主で、法学部から料理の世界に鞍替《くらが》えした鶴岡新太郎先生と通じるところがある。

復刻版では三〇品を紹介し、見事な料理となって令和の時代に蘇った。

このように、新太郎先生の料理にかける意気込みは、生半可《なまはんか》なものではなく、糖尿病の合併症で失明してもなお調理実習を行い、耳をそばだてて学生たちの包丁使いを音で観察した。そうして、学生がちょっとでも手抜きをしようものなら、「私の目が見えないからといって、加減な切り方をしてはいけません！」と、容赦《ようしゃ》なく叱りつけたという。

新太郎先生が創設した調理士養成学校は、北海道文教大学明清高等学校《ほっかいどうぶんきょうだいがくめいせいこうとうがっこう》の食物科調理

図４：『料理法百たい（１）』

製菓コースへと引き継がれたが、著名なフランス料理シェフやショコラティエ、宮内省大膳課《だいぜんか》職員など多数の逸材を輩出《はいしゅつ》してきた。

明治大学を中退し、料理の世界に転じてから亡くなるまでの五〇余年を、料理に賭けた新太郎先生なくして、現在の北海道グルメはあり得ない、といっても過言《かごん》ではないだろう。

## 清貧の教育者、人生を次世代の育成に捧げる

さて、そんな新太郎先生を陰《かげ》になり日向《ひなた》になり支えていたトシ先生も、夫に負けず劣《おと》らずパワフルだった。

何せ、大正時代に新潟県からひとりで移住してきたくらいだ。しかも、北海道女子栄養学校の校長に就いてまもなく、戦火をくぐり抜け、女学生たちを引き連れて、札幌と琵琶湖を往復。帰路、一行を乗せた帰路の列車が上野駅を通過したのは、東京大空襲の直後だったという。

焼け野原を目の当たりにして、震えあがる女学生たちを励まし続け、全員無事に親元へ

送り届けることができたのも、肝《きも》がすわっていたからに他ならない。

トシ先生は、終戦後わずか四か月で学校を再開させると、調理実習用の食材を調達するために、夜明け前から札幌近郊の農家や漁家を訪ね歩き、ときには闇市にも行った。

栄養失調で餓死者《がししゃ》が続出していた中、戦時中から栄養士を世に送り出していた北海道女子栄養学校が道民の健康維持のために果たした役割は大きく、それもこれも、人知れず努力を重ね、どんなときも毅然《きぜん》とふるまい、滅多《めった》なことでは動じなかったトシ先生の強さと聡明《そうめい》さによる。

そんなトシ先生は、一九四九年の第二回統一地方選挙では、札幌市の市会議員に立候補している。女性に参政権が認められて二度目の選挙である。

残念ながら当選は逃したものの、共立女子大学の創設者で理事長だった鳩山薫子《はとやまかおるこ》氏をはじめ、香川栄養学園の創設者、香川綾《かがわあや》氏、中村学園大学の創設者、中村《なかむら》ハル氏ら女子教育の先駆者らと親交を深め、北海道の女子の高等教育に、生涯現役で力を注いだ。

今、そのトシ先生を知るのは鈴木武夫理事長と浅見晴江《あさみはるえ》事務局長のふたりしかいない。

「学校が経営困難におちいっても、私たちの前では笑顔を絶やさず、すばらしい先生でした」と、口をそろえる。

長男を五歳で亡くし、私財を投じて学校を創れば、敗戦と戦後の荒廃。トシ先生が最期をすごした自宅は、学園本部の一室だった。家財道具は、ちゃぶ台と和箪笥だけという清貧の教育者だった。私など足元にも及ばない。

最高学府である大学は、大人として社会に出て行くためのラストステージだ。

しかし昨今の学生たちを見ていると、このまま社会人になってやっていけるのだろうか？　と、心配になるほど未熟だ。

臨機応変な対応ができない、言われたことしかやろうとしない、育てるつもりで叱ってもすぐに萎《な》えてしまう……。

相手は学生に限った話じゃない。若い世代の部下などに不安を覚えるのは、私だけではないだろう。

その場に応じて機転を利かせ、自分の頭で考えて行動する。

叱られたり、いじめられたりしたら、いつか見返してやるという負けん気を出す。

こういった生きる力を養わなければ、何が起こるかわからない時代で幸せをつかむのはむずかしい。

一生、お金に困らず、人間関係にも悩むことなく、食糧難や自然災害、感染症のパンデミックなどにもあわず、平穏無事に人生をまっとうできる人は、もはやそう多くないだろう。

人生は、嵐の連続だ。

その嵐を笑い飛ばすくらいの強気と、何が起きようとも前を向き、幸せをつかむ力を養っていく。

北海道文教大学の学長就任にあたり読みあさった学園史や同窓会誌などから、数々の苦難を乗り越えて、八七年の人生をまっとうしたトシ先生の生きざまから教えられた。

## プラス思考で生きる

北海道文教大学は、ＪＲ恵庭《えにわ》駅東口から「黄金《こがね》フラワーロード」を直進した突き当たりにあり、キャンパスの広さは三万坪を超える。徒歩約一〇分。周囲には住宅が建ち並び、途中に公園もある。

そして、キャンパスの裏側には国道36号線。北へ進めば、札幌の歓楽街「すすきの」に直行し、南へ進めば新千歳空港、その先には苫小牧港《とまこまい》がある。さらに、道央自動車道の恵庭インターにもほど近い。

恵庭市は、北海道経済の中心でもある道央ベルト地帯のほぼ中央にあり、その中でも北海道文教大学がある恵庭市黄金中央《えにわしこがねちゅうおう》は、アクセスが抜群によい。

だが、この土地、札幌市郊外にあった北海道栄養短期大学が、北海道文教大学として移転するまでは原野だった。

「草ぼうぼうで、近くにはお墓もあって、住宅だって数えるほどしかなかったのよ」と話すのは、私が「お姉ちゃん」と呼んで、短大時代から何かと頼りにしてきた鶴岡学園の常務理事で、事務局長も務める浅見晴江女史だ。

キャンパスの隣には、国指定の「カリンバ遺跡」があり、ここからは縄文時代の装飾品が数多く発掘されている。一万年もの長期にわたり、自然と調和しながら生きていた縄文人。北海道の場合は、縄文人がそのままアイヌ人に移行したわけではないので、その後、アイヌの人々がこの辺りで暮らしていたのかわからないが、「あそこにはアイヌの人たちが食べていたウバユリも自生していて、キャンパスにも咲くのよ」と、浅見事務局長が教えてくれた。木々に囲まれて目立たないものの、小川が流れてリスも生息する自然に恵まれた環境だ。

私は二〇一八年三月に網走から恵庭に引っ越した当初、健康のことを考えて徒歩通勤をした。

恵庭岳《えにわだけ》がそびえる支笏洞爺《しこつとうや》国立公園の一部は恵庭市にあるが、市の中心部自体は埼玉県のようにフラットな地形だ。坂道がなく、運動不足の六〇代オヤジの足にはとてもラクだ。

空気もうまい、緑も多い。そして、どの家の庭も、初夏を迎えると色とりどりの花が美しく咲いている。

「なるほど、だから、恵まれた庭、恵庭なんだなあ」と思っていたら、なんと、私が東京農大の副学長になる前に学長を務めた進士五十八《しんじいそや》先生が、恵庭市で進めている「花のまちづくり」のアドバイザーだった。

進士先生は造園学者で、東京農大には九〇年の歴史を誇る造園科学科がある。まったく縁のない土地だったはずが、新天地でも〝東京農大〟である。

鶴岡新太郎先生は和食が専門だった。トシ先生は華道と茶道の教授で、短大時代の学生たちは、華道と茶道の心得《こころえ》がある。「和と花」というキーワードから、出勤途中にふと思いついた。

「キャンパスに日本庭園をつくって一般開放すれば、恵庭市のさらなる活性化に貢献できるかもしれない！」

ここ数年、六万九〇〇〇人台でわずかながら右肩上がりに増えてきた恵庭市の人口は、二〇二〇年二月末の時点で七万四人になっていた。隣接する千歳市の人口急増にともない、札幌駅まで電車で約二〇分の恵庭市も、住みやすい町として脚光を浴びているのだ。

市内には七つの工業団地がある。平成二六年度の調査では、製造業は一一二事業所。このうち六七事業所は、大手企業の工場や付加価値の高い製品を製造している。

農業も盛んで、「花のまち」というだけあって、花き・花木は二〇一〇年の時点では道内八位の販売金額だ。札幌大通公園を彩る花の八〇パーセントは、恵庭産の花苗が使われているという。

こうした背景もあり、恵庭市では二〇一六年から花を中心とする観光拠点の整備に着手し、二〇二〇年一一月、花の拠点「はなふる」がオープンした（二〇二二年夏に「全国都市緑化北海道フェア」を開催予定）。

その場所は、年間一〇〇万人の利用者がある道と川の駅「花ロードえにわ」の隣接地に

図5：恵庭市との協定締結

図6：全国都市緑化
北海道フェアポスター

あり、大学からはクルマで五分とかからない距離だ。キャンパスに日本庭園を造れば、そこから足をのばす人も増えるかもしれない。そうなれば、度重なる改組転換で知名度を落としてきた北海道文教大学の存在を広く知ってもらえる。

二〇二一年四月には、札幌市郊外にある北海道文教大学明清高等学校も大学の敷地内に移転する。

二〇二〇年四月、この高校の校長には、調理師養成で知られる北海道三笠高等学校で校長を経験した佐々木淑子《ささきよしこ》先生が就いた。「私は、前しか見ませんから」と笑い飛ばす佐々木校長は、道内でもっとも歴史のある調理士養成コースをもつ北海道文教大学明清高校のトップにふさわしい逸材だ。

二〇二〇年三月から、ＳＴＶ札幌テレビ放送の「どさんこワイド朝」（火曜日）にコメンテーターとして出演し、知名度も高い。

私学の場合、著名な教員がいると、生徒や学生の受験動機につながりやすい。実際、佐々木校長は二〇二〇年度の受験者数増加に、その実力を発揮した。高校は移転前。校舎は古い。それでも生徒が集まったのだから、規模の小さな私学では、教員の充実が経営のカギを握るということを、佐々木校長が証明した。

高校の新校舎の調理室は、外からバッチリ見えるように、全面ガラス張りの設計で、カフェテリアの設置も予定している。ここを一般開放すれば、日本庭園で散策を楽しんだ人たちが、お茶やコーヒーでくつろげる。大学受験を控えた高校生や保護者の方々が、「ほら、日本庭園のある大学、あそこがいいんじゃない」と、大学名は浮かばなくても、視覚と味覚で覚えた北海道文教大学への関心も高まるのではないか？

管理栄養士を養成する人間科学部健康栄養学科には、二〇一九年に、業務用厨房《ちゅうぼう》機器総合メーカーの大手、株式会社フジマックにお願いして改装した調理室、ＣＯＯＫＩＮＧ ＬＡＢＯがある。株式会社フジマックにおいても、二〇一九年一一月、包括連携協定を締結している。

ここは、調理士養成コースの生徒が、北海道文教大学を進学先として選んでくれたとき、最新設備の調理室でさらに腕を磨いてもらいたいとの思いで改装に踏みきった。佐々木校長とタッグを組み、高大連携のワンチームで、一〇〇年先を見つめた大学運営を行っていく。そして、一八歳人口の減少問題に挑むのである。

図7：（株）フジマックとの包括連携協定締結

図8：COOKING LABO（調理室）

## 食べる・動かす・交わる、健康系大学の新たな未来像

改めて紹介するが、北海道文教大学には、国際学部（二〇二一年四月より外国語学部より改組、新設）と人間科学部、そして大学院がある。

〈人間科学部〉
健康栄養学科……管理栄養士養成
理学療法学科……理学療法士養成
作業療法学科……作業療法士養成
看護学科…………看護師養成
こども発達学科…幼稚園教諭、保育士、小学校教諭、特別支援学校教諭養成

いずれも国家試験等で合格しなければ免許は取得できないが、知識と技術を徹底的に叩き込まれ、どの学科も合格率は道内トップクラスを誇る。

〈国際学部〉（二〇二一年四月より外国語学部より改組、新設）
国際コミュニケーション学科…英語・中国語を使いこなし、人と人をつなぐことができる、優れたコミュニケーション能力を養う。
国際教養学科……社会・文化・国際関係をとらえて行動する力を養う。

〈大学院〉
グローバルコミュニケーション研究科 言語文化コミュニケーション専攻（修士課程）
健康栄養科学研究科 健康栄養科学専攻（修士課程）
リハビリテーション科学研究科 リハビリデーション科学専攻（修士課程）
こども発達学研究科 こども発達学専攻（修士課程）
グローバルコミュニケーション研究科 言語文化コミュニケーション専攻（修士課程）

現在の北海道文教大学は、創設者の鶴岡夫妻が築いた「栄養と健康」という基本理念をボリュームアップさせたコメディカルの人材育成と、グローバル人材の育成の二本柱に基づく学部・学科構成だ。

ヘルスケア関連の学部に加えて外国語学部（二〇二一年四月より国際学部）があるのは、短大から大学へと組織替えをする際に、当時の文部科学省が「グローバル化」を唱えたためである。当時は、栄養大学ではなく、外国語学部の新設なら認められたからだ。

これは、日本私立短期大学協会の事務局長として、私立短大から四年制大学への組織替えを多数アドバイスしてきた鈴木理事長の経験が生かされた。

鈴木理事長は、こうしてスムーズに四年制大学への改組を行った後、基本である「管理栄養士養成」の人間科学部を設置した。さらに、「手に職をつけ、不況に強い職業に就きたい」という道内の進学希望者や保護者の風潮を考慮して、理学療法学科、作業療法学科、看護学科を次々と増設した。

大学の新設や学部・学科の増設は、文部科学省の管轄の下で行われる。補助金についても同様で、大学の経営にあたっては、法律を熟知したうえで、世の中の動向を見極《みきわ》めることが大事だ。要するに、民間企業の経営と大枠は変わらない。

民間企業は、一般に「企業の社会的責任」と訳されている「ＣＳＲ」に取り組むところが多い。大学のＣＳＲ活動は、企業のそれとは若干《じゃっかん》意味合いが異なるものの、力を入れているところが少なくない。

私がいた東京農大がまさにそうで、「地域・社会貢献」を明確に打ち出し、「実学主義」という言葉で、一三〇年前の創設時から一貫して取り組んできた。

では、北海道文教大学はどうか。

私が着任する以前から、こども発達学科では「子育て教育地域支援センター（通称、文教ペンギンルーム）」を開設し、教員と学生と地域の幼児と保護者が参加する交流の場を設けていた。

また、「北海道文教大学鶴岡記念図書館」は一般に開放されているし、現在はなくなってしまったがキャンパスの一角に九ホールのパークゴルフ場を設置して、地域のシニア世代の健康増進に役立てていた。

さらに春には、学生が三〇〇人ほど参加して、恵庭駅東口から大学正門まで続く市道の「黄金《こがね》フラワーロード植栽《しょくさい》」（恵庭花いっぱい文化協会主催）にも参加してきた。

こうした地域・社会貢献の延長で日本庭園も造れば、今は、ほどほどの知名度しかない北海道文教大学も開花して、社会貢献と受験希望者増という一石二鳥の効果を生み出せるはずだ。

こう考えて周囲を見渡してみると、いた、いた、東京農大を卒業して家業の造園業を引き継ぎ、社長になった人物が！

札幌市豊平区に本社を置く造園会社、「コクサク」の三代目社長の早坂有生《はやさかゆうき》社長だ。コクサクは、イサム・ノグチが基本設計を手がけた札幌の「モエレ沼公園」を造った会社だ。

ここは、スポーツ施設や建築外構もお手のもの。私は早坂社長に構想を打ち明けた。そして一年がかりで打ち合わせを重ね、二〇二〇年一月に、花と緑を生かした恵庭市のまちづくりに貢献することを目的に、コクサクと北海道文教大学との間で包括連携協定を結んだ。

キャンパスに日本庭園が誕生するのはまだ先の話だが、美しい日本庭園が恵庭の人たちの憩《いこ》いの庭になれば、広々とした敷地をもつ北海道文教大学の資産の有効活用になる。国内外から観光客が訪れて、恵庭市にお金を落としてくれるようになれば万々歳である。

コロナショックに端《たん》を発《はっ》した世界経済の後退は回復に時間がかかるといわれているが、「新千歳空港の近くに、すばらしい日本庭園がある！」と、ＳＮＳで国内外に発信される日は必ずやってくると信じている。

苦しいとき、花を生けて心を癒していたという鶴岡トシ先生も、きっと応援してくれるに違いない。

## 学生数二二〇〇名の大学で、イギリスの大学都市をめざす

キャンパス内に日本庭園を造る。この計画の先には、「恵庭プラットフォーム」、つまり「大学都市構想」という壮大なプランがある。

現時点では、私の夢。こんなことを東京農大時代の諸先輩が聞いたら、「おまえは、また大ボラを吹いている」と叱られそうだ。しかし、夢を語るだけなら誰にも迷惑はかけない。

大ボラのきっかけは、二〇一九年三月に訪れたイギリスでの体験だった。

正月休みで東京から帰省した娘が、「イギリスの大学院でインターナショナルビジネスを勉強したい」というので、「じゃあ、勝手に行けばいいじゃない」と返事をしたら、いっしょに行きたいといいだした。父子家庭だから娘の愛情を独占できるのか、それとも私を財布代わりにしようとしたのか、娘の意図はわからないが、私としては目尻が下がる。

オックスフォード市までは、ロンドンから電車で一時間ほど。オックスフォード大学に行くと、観光客が大勢いた。コロナ禍の今では考えられない光景である。

「どうしてこんなに世界中から集まるのだろう?」

そう娘に話しかけると、「お父さん、また、仕事モードじゃない。私の留学のことを考えてないいんじゃない?」と文句を言われながらも、「オックスフォード大学自然史博物館」、「ピット・リバース博物館」、「オックスフォード科学史博物館」、「ザ・ストーリー博物館」など、いくつも博物館を見物した。

続いて訪れたケンブリッジ大学は、三一のカレッジ(学寮)が集まる総合大学だ。市内のあちこちにカレッジが点在し、見学するには入場料がかかる。日本でいうなら、寺や神社の拝観料のようなものだ。

「二〇〇〇円もするのか」と思いながら財布を開いて、ふと気づいた。

人を集めるためには、「見える化」をしなくちゃいけない。

私が考えている日本庭園も「見える化」のひとつだ。

二〇二一年四月に、恵庭に移転する北海道文教大学明清高等学校(二〇二一年度から北海道文教大学附属高等学校)の調理実習室をガラス張りにして、外から見えるようにする

図9：附属高校の外観

のも「見える化」だ。

イギリス滞在中には、スコットランドの首都、エディンバラ市も訪れた。中世の街並みを残し、新旧どちらの街も世界遺産に登録されている。石畳の道をブラブラ歩き、エディンバラ城からエディンバラ大学へ。そこで、また閃《ひらめ》いた。

「オックスフォードもケンブリッジも、このエディンバラも大学都市だ。学問があり、学生が集まり、大学を中心に街が発展してきた。恵庭を大学都市にできないだろうか?」

恵庭市にある「見える化」された主

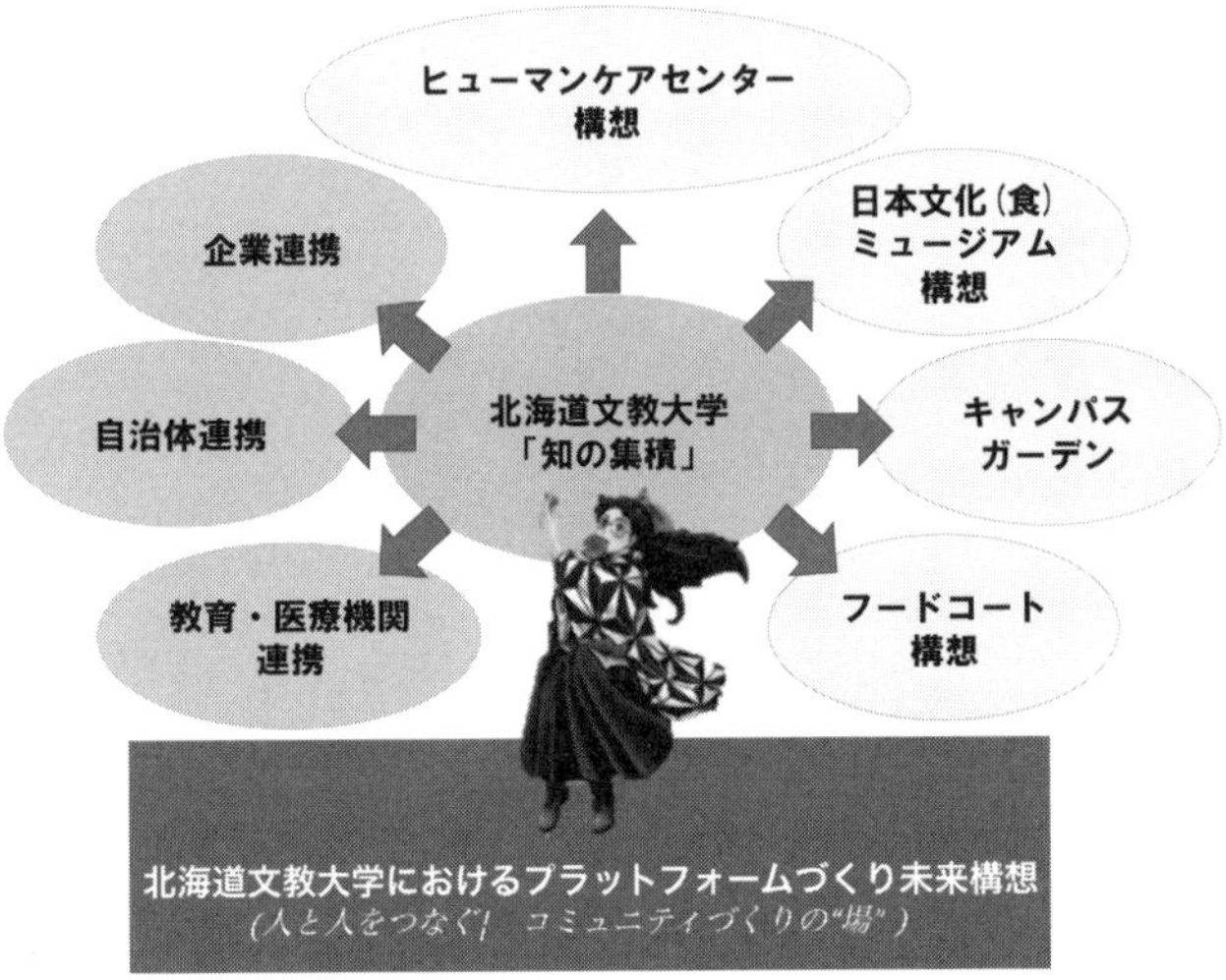


図10：大学トップが体験から描く未来像

な施設は、エコロジーテーマガーデンの「えこりん村」をはじめ、「道と川の駅 花ロードえにわ」、「恵庭農畜産物直売所かのな」、バーベキューハウスを運営する「余湖農園」、酪農体験ができる「むらかみ牧場」、工場見学とレストランを併設する「サッポロビール北海道工場」、カリンバ遺跡の発掘品を展示する「恵庭市郷土資料館」など、挙げれば沢山ある。

これに「北海道文教大学の日本庭園」が加わる。食事も楽しめるカフェも用意して、週末は教職員用の駐車場を開放すれば、クルマで訪れやすい。

日本庭園を楽しみ、『料理法百たい

| 企業 | 教育・行政・医療機関 |
|---|---|
| ① 福屋物産株式会社 | ① 東京農業大学 |
| ② 北ガスジェネックス株式会社 | ② 札幌大学 |
| ③ 株式会社玉川組 | ③ 北海道高等学校校長協会農業部会 |
| ④ 株式会社フジマック | ④ 恵庭市 |
| ⑤ 株式会社コクサク | ⑤ 登別市 |
| ⑥ 丸善雄松堂株式会社 | ⑥ 倶知安町 |
| ⑦ オニマル食品株式会社<br>株式会社オニマル | ⑦ ニセコ町 |
| ⑧ ジェイ・エスコム<br>ホールディングス株式会社 | ⑧ 北海道後志総合振興局 |
| ⑨ Good Needs Group | ⑨ 恵庭ロータリークラブ |
| ⑩ 生活協同組合コープさっぽろ | ⑩ 恵庭商工会議所 |
| | ⑪ 一般社団法人恵庭青年会議所 |
| | ⑫ 医療社団法人豊生会 |
| | ⑬ 社会医療法人禎心会グループ |

表1：北海道文教大学における包括連携協定締結先一覧（2020年末現在）

（1）』から選んだメニューや、外国人留学生から教わるスリランカ料理やベトナム料理など各国の料理を、カフェもしくはフードコートで味わってもらい、大学の存在をアピールし、市内各所の施設でも遊んでもらうのもアリだ。

国道36号線沿いで、道央自動車道の恵庭インターからも近いという交通至便の好条件を武器に、恵庭市を「食と農」の体験型観光都市へと発展させられないかと、帰国の機中で、この「恵庭プラットフォーム」構想を練った。

## 食×農×医によるヒューマンケアセンター

「恵庭プラットフォーム」は、「食と農」に、「ヒューマンケア」も加える。このヒューマンケアは、学長就任が決まってから少しずつ温めてきた企画だ。

あえて順番にするなら、ヒューマンケア→食と農→大学都市→恵庭プラットフォーム。

北海道文教大学はコメディカルの養成を中心とする大学なので、教員も管理栄養士、医師、看護師、理学療法士、作業療法士、臨床心理士などの専門家が揃っている。今のところは、日々の講義や研究などで、どの先生も精一杯だが、健康維持や病気・介護予防に関する知識は十分に蓄積されている。

すでに、こども発達学科の「文教ペンギンルーム」は、教員、学生、地域の子どもと保護者の方々に利用されている。

子どもは人類の宝。たとえ障害があろうとも、子どもには計り知れないパワーと可能性がある。育児に悩む保護者の方々の力になれれば、保育士や幼稚園教諭、小学校教諭をめざす学生たちにもすばらしい経験となるだろう。

また、二〇一九年には恵庭市との間で、地域包括ケアシステムの共同研究に関する覚書も締結している。現在は、恵庭市が全道に先駆けて取り組んできた介護予防運動の効果などを調査・分析中だ。

学内で最も新しい施設「鶴岡記念講堂」は、ダンスや体操などに活用できる。ここは理学療法学科と作業療法学科の出番である。

作業療法学科では、地域の高齢者の方々にもご協力いただいて、パークゴルフから介護予防を考えようと体験型の講義を行ってきた。また、理学療法学科においては、副学長を務める田邊芳恵《たなべよしえ》教授（医学博士）がおり、大学運営の一翼《いちよく》を担《にな》っている。理学療法学科は、二〇一八年、二〇一九年度の国家試験では、受験者九九名全員が合格。毎年、全国平均より高い合格率を維持。ここを巣立った優秀な理学療法士が、各地のリハビリテーション施設で活躍中だ。

健康栄養学科では、「商品開発研究会」の学生たちがコープさっぽろとの連携で、学生向けに「まんぷくランチ」、女性向け「べっぴんランチ」、シニア向け「まごわやさしい弁当」など、栄養バランスを考えた世代別の弁当を月替わりで商品化した。二〇二〇年度はコロナ禍に負けず、一〇〜一一月にローソンとのコラボレーションで、「餃子のようなパン」と「夏みかんとりんごのカスタードちぎりパン」を開発して、道内限定で販売した。

さらに、北海道文教大学は実習用の設備も胸を張れるほど充実している。たとえば、こども発達学科には、ピアノの練習室が数部屋ある。すべて防音室で、ここを一般に開放すれば、誰にも気兼ねすることなく練習に励める。

音楽といえば、カラオケで歌う「兄弟船」や殿様キングの「なみだの操」ぐらいの私でも、娘が歌う歌曲やピアノにはうっとり夢心地だ。これも一種の音楽療法で、音楽を聴いたり、歌ったりすることで脳が活性化される音楽療法は、ストレスの軽減はもとより、うつ、統合失調症、認知症、不眠症、術前《じゅつぜん》の不安などの改善に効果があるといわれている。

そんな充実した設備を講義だけに使い、それ以外の日に眠らせておくのはなんとももったいない。

この思いを決定づけたのは、私が理事のひとりに名を連ねている「日本地域創生学会」の「地域創生フォーラム」を二〇一九年に鶴岡記念講堂で開催した際、原田裕《はらだゆたか》市長をお迎えして、北海道文教大学校内をご案内したのがきっかけだった。

コロナ禍で実現できなかったものの、「すばらしい設備ですね。二〇二〇年に恵庭市は市制五〇周年を迎えます。記念式典はぜひ、鶴岡記念講堂で開催させてください」と、おっしゃっていただいた（コロナ禍によりに二〇二一年七月へ延期、開催予定）。

鶴岡記念講堂は以前から社会福祉系の学会や講演会に利用されてきたが、このとき初めて学内を視察した原田市長のひと言がヒントとなり、「文教ペンギンルーム」以外にも、市民に利用してもらえる施設がたくさんあることに気づかされたのである。

その「日本地域創生学会」の会長を務める木村俊昭《きむらとしあき》氏は、小樽市役所から内閣官房・内閣府企画官、農林水産省企画官を歴任し、地域活性化に尽力されている方だ。エミュー・プロジェクトをきっかけに知り合い、「地域活性化」という共通のミッションで、今日まで付き合いが続いてきた。現在は内閣官房シティマネージャー、東京農業大学総合研究所教授、地域創生木村塾長など多方面で活躍中だ。「恵庭プラットフォーム」構想にも、むろん、お知恵を拝借。人とのつながりなくして、地域活性化はあり得ない。

## リフレッシュ効果抜群、『レッドコード』

先ほど触れた理学療法学科には、ノルウェーで開発された「レッドコード」の専用実習室がある。

レッドコードは、天井から吊り下げられたコードやベルトを使い、重力や身体的な特徴で骨格が歪《ゆが》んだり、筋肉が緊張したりといった状態を改善する器具で、リハビリテーション、介護予防、アスリートの身体的サポート、発達障害の運動機能向上など、あらゆる人の身体機能の改善・維持・向上に活用でき、日本国内でもデイサービスやリハビリテーション施設などに導入されている。

六八歳、運動不足の私が実際に毎回一時間ほど週四回、三週間体験して感じたのは、「これはスゴい!」の一言であった。

私は肩こり・腰痛・膝痛、ついでに頭痛にも悩まされてきた。マッサージも鍼も効かない。そこで、理学療法学科の大森圭《おおもりけい》教授にお願いして、レッドコードを試したところ、首筋から肩甲骨にかけてガチガチに固まっていた状態が、たった一回のエクササイズで改善したのだ。

天井から吊り下げられたコードの先に太いベルトが装着され、頭や肩、腰、下肢などにベルトをあてる。身体は宙づり。ハンモックに寝そべっているような感じだ。その状態で、施術者《せじゅつしゃ》である大森先生が、私の後頭部と首の境目あたりに、そっと両手の指を当ててくれた。そして、待つこと一〇数分。首筋から肩がスーっと軽くなり、頭痛もおさまった。

エクササイズの方法は何通りもあり、宙づり状態で膝や足を動かしたり、臀部を動かしたりしているうちに、「渡部学長、歩き方がよくなりましたね」と、大森先生に改善効果を評価していただいた。

驚いたのは、レッドコードでエクササイズをはじめてから、会議中に私がイライラする回数が減ったことだ。大森先生いわく、

「身体の歪みや凝《こ》りなどが原因の痛みがとれたことが一因している」とのことだった。

イライラ（苛立ち）は、いわゆるストレス。ストレスは万病のもと、肥満のもと。真っ赤なコードとベルトに身をゆだね、ゆらゆら吊り下げられるだけで、心も身体もラクになるのだから、やはり「これは、スゴい！」の一言なのである。

さらに、この学科には髙田雄一准教授がいる。入谷式《いりたにしき》インソールを作る技術が素晴らしい。私を「足から健康にしましょう」と言ってくれ、私の〝インソール〟を作製してくれることになった。〝インソール〟は、靴の中敷きと言ったほうがわかりやすいかもしれない。

髙田先生は私の体、歩き方を見て、足にテープを貼り、少しずつ私の動きを調整しながらインソールを作る。このインソールを靴に入れて歩き始めた。私の歩き方はそれから安定し、体の軸が出来たことで、毎日、健康になる感じがしている。

また、髙田先生は、国内で著名な陸上選手らとの意見交換などもおこないながら、選手の足に合うよう、オーダーメイドで作製することができ、レッドコードによる施術をおこなうこともできる。

大学には運動器系の教員として、いま挙げた大森教授、髙田准教授をはじめ、橋内勇教授、橋田浩准教授がいる。

百歳ライフの実現に向け、本学に蓄積された知の集積を徐々に地域に還元していくことを考えている。

## 世界各国の伝統医療を取り入れた予防医療

私が考える「ヒューマンケア」は、大学の設備や叡智を活用するだけではない。アーユルヴェーダ、気功、東洋医学、アロマテラピーなど、俗にいう代替医療の領域も取り入れる。

これは、北海道文教大学が得意とする「食と健康」、「リハビリテーション」の知識と技術をベースに、総合的に健康をとらえようというものだ。

そのために、二〇一八年一二月、スリランカのルフナ大学と学術交流協定を締結した。これにより共同研究や留学生の相互交換などの交流が可能になった。

私は、「ヒューマンケア」を進めていく上で、サプリメントにも着目している。サプリメントを薬と勘違いしている方もいるが、これは、いわゆる健康食品で、日頃の食生活では不足しがちな栄養成分を補う役目がある。

たとえば、心身の健康の要ともいえる「腸内環境」という観点から乳酸菌や食物繊維のサプリメント、肥満防止や栄養吸収に欠かせないビタミン・ミネラルのサプリメントなどだ。

もちろんサプリメントの摂《と》りすぎは、体調を崩す原因になるので注意しなければいけない。しかし、ビタミンやミネラルの不足は、体調不良に大きく影響する。病気を予防する上で、サプリメントをどう活用するのがよいのか、もっと深く掘り下げていくべきだろう。

さらに、私が長年関わってきたエミュー・オイルも、アボリジニが病気やケガの治療に長年利用してきた実績があり、東京農大での研究でも皮膚炎や痛みの緩和に有効性ありという結果が出ている。これも「ヒューマンケア」に追加したいコンテンツである。

しかし、研究するには資金も人材も必要だ。そこで大学発ベンチャーを立ち上げて「ヒューマンケアセンター」をつくり、「北海道文教大学ブランド」の商品開発と販売、アーユルヴェーダやアロマテラピーなどによるヘルスケアの事業化などを進めていく。

平《ひら》たくいえば、大学のダブルワークである。

大学経営を入学金や授業料、補助金だけで行っていくのは、一八歳人口減少時代にはむずかしいからだ。

## 国民の健康は国の力
## 産学官連携でヒューマンケア

大学の施設を開放することで、子どもからシニアまでさまざまな市民が集まるようになり、学生と地域コミュニティの関わりがこれまで以上に深まる。学生にとっては、アクティブラーニングの場にもなろう。

多様な人々との関わりから、社会における自分の役割を実感する機会となり、人間力も身につくだろう。東京農大オホーツクキャンパスの学生たちが、ホタテバイトや農業バイトで地域と関わって成長しているよう、市民にとっても、大学から提供される知識を自分のものにできる機会になる。

東京農大にいた頃、二〇一〇年から「オホーツクものづくり・ビジネス地域創生塾」を文部科学省の補助金事業で開いた。塾生は網走、北見などオホーツク沿岸地域の人たちで、一期から六期までで一一二名が修了した。

塾生は原料生産、食品加工、流通・販売・経営について学び、高品質な地域ブランド商品を作り、それらを自らの力で販売していくためのノウハウを身につけた。

開始から五年目で、道産小麦を使ったうどん店をはじめとする事業化が一二件、「ホタテスモークチーズ」や「かに屋さんちのラーメン」など四六品が商品化された。塾の修了生は、新たに得た知識をもとに、創造力を働かせて新規事業や新商品開発に挑んだ。

知識→創造力→挑戦→人生の新たな扉、となっていくのである。

東京農大ではモノづくりによる地域活性化が目的だったが、生きる基本である健康、す

図11：登別市との協定締結

なわちヒューマンケアによる地域活性化のモデルを、北海道文教大学が中心となり地域とともに進めていく。

具体的には、先述したとおり、恵庭市との包括ケアシステムの共同研究で取り組んでいる介護予防運動の効果などの調査・分析を開始していることなどがある。

たとえば二〇一八年には、札幌市東区を拠点に、医療・疾病予防・介護予防など総合的に地域の医療と福祉に貢献している医療法人社団豊生会グループと包括連携協定を結んだ。現時点では具体的に動いていないが、「恵庭プラットフォーム」を視野に入れての連携だ。

自治体との連携は恵庭市に限らない。今

後、注目される健康寿命の延伸や温泉治療についても相互の地域特性を生かしながら連携を進める構想もあり、温泉地で有名な登別市とも、二〇一八年一二月に包括連携協定を結んだ。

さらに二〇一九年には、ロシアの「太平洋国立医科大学」と学術交流協定を締結した。この大学の所在地はウラジオストク。医学部、予防医学部、薬学部、歯学部、看護保健学部などがあり、日本では筑波大学や鳥取大学医学部などと交流がある。東京農大での最後の仕事、ロシア極東連邦総合大学との包括連携協定で築いた人脈を通じて、協定につなげることができた。

外国語学部には、かつてロシアからの留学生が多数いた。近くて遠い隣人との交流を深めて互いに相手を知ることで、人類共通のテーマである「健康」を、今後より高次元のものへと高められるかもしれない。

「世界保健機関（WHO）憲章」の前文では、次のように謳われている（公益財団法人日本WHO協会の仮訳）。

健康とは、病気ではないとか、弱っていないということではなく、肉体的にも、精神的にも、そして社会的にも、すべてが満たされた状態にあることをいいます。

人種、宗教、政治信条や経済的・社会的条件によって差別されることなく、最高水準の健康に恵まれることは、あらゆる人々にとっての基本的人権のひとつです。

世界中すべての人が健康であることは、平和と安全を達成するための基礎であり、その成否は、個人と国家の全面的な協力が得られるかどうかにかかっています。

## 多様な人々の知恵と経験が新時代の力に

外国の大学や研究機関との連携は、飢餓、戦争、感染症など生活や命を脅かす危機に直面したとき、問題解決の糸口となる。

新型コロナウイルスのパンデミックでは、各国の研究者がいち早く共通課題に取り組んだ。かつての留学先での人脈を活かして、ネットで情報交換をしながら3Dプリントできる人工呼吸器の製造プロジェクトが日本、米国、インドで進められたケースもある。

何かを進めていこうとするとき、最も底にあるのは「人との出会い」と「コトとの出会い」だと私は思う。

たとえば、私が原田裕恵庭市長と出会い、学内を案内したことで、大学施設の開放を思いつき、「恵庭プラットフォーム」へと発展させようとしているのも、「出会い」があったからこその構想だ。

その原田市長は、偶然にも私が尊敬するビジネスマン、千代田化工建設株式会社の代表取締役社長を務めた北川正人《きたがわまさと》氏ともつながっていた。世の中は本当に狭い！

千代田化工建設は、石油精製、天然ガス液化などの大規模プラント事業で、国内外に実績をもつ「エンジニアリング御三家」の一社だ。北川氏は幼少期をアメリカで過ごし、慶應大学を卒業後に黎明期《れいめいき》の同社に営業マンとして入社。同社の発展はもとより、エネルギー分野で日本の経済成長に貢献してきた。

「慶應ではボート部（端艇部）の練習ばっかりやっていたから勉強なんてしてないんだよ、ワッハッハ！」と大らかそのものだが、誰に対してもたいへん優しく、八四歳の現在も、東京・有楽町にオフィスを構え、国内外から訪れる多種多様な客人の相談に応じていらっしゃる。

私は、その北川氏とお付き合いさせていただく幸運に恵まれ、地政学や経済学的な見地で国際情勢を見ること等々、グローバル感覚での発想と実践の重要性を教えていただいた。

世界を駆け巡り、各国の政財界にも通じる北川氏は、私にとっての”リアル榎本武揚“なのである。

メールやＬＩＮＥで済ませがちな人間関係が目立つ昨今、北川氏が主宰する勉強会や酒席にお招きいただくなど、お目にかかる機会が増すごとに、直接会ってコミュニケーションをとることで、信頼関係も結びやすくなると、改めて気づかされた次第だ。

それは教育現場も同じだろう。

今回のパンデミックをきっかけに、全国の教育現場ではオンライン授業が普及して、それなりに効果は見せたものの、モニター画面を通じたやりとりには、やはり臨場感が足りない。野球は、テレビで見るよりも、球場に足を運んで見たほうが、臨場感があって楽しさが倍増する。コミュニケーションのとり方も、昔ながらの「会って話す」、「会って聞く」が大事だと思う。

というわけで、学長就任後の二〇一八年一二月には、スリランカ名誉領事のスニル氏とアーユルヴェーダ医師のファーティマ女史を実際に日本にお招きして講演会を開き、恵庭市民の方々にも来場していただいた。

さらに、二〇一九年四月には、台湾国立嘉義《かぎ》大学の畜産科学科から五名の学生を迎え、健康栄養学科の山森栄美講師、藤井駿吾講師、事務局の職員、学生九名がともにジンギスカンと台湾スイーツを作り、親交を深めた。このときは、今後迎える世界的食糧難に向けての話し合いも行われ、日台両国が協力し合い、食を大切にすることの重要性を確認した。

地域コミュニティ、多様性、アクティブラーニング。

偏差値一辺倒の画一的な教育はもう過去の話だ。

このパンデミックをきっかけに、従来の価値観はまちがいなく変わる。教育のありかたについても再検討の時期を迎えたと感じている。

自然災害、感染症、紛争などからのサバイバル力や危機管理能力を養い、創造性豊かな人材育成が、教育の場では最優先課題になるのではないか？　今回私たちはそのことを十分学んだ。

新しい時代を切り拓いていくのは次世代の若者たちであり、彼らがその可能性を最大限に引き出せるように教育環境を整備することが、私たちに与えられた喫緊の課題だと思っている。

私の壮大なる大ボラ構想は、パンデミック前から温めていたものだが、あまりにも思いがけない事態を迎え、この構想をどう発展させられるのか私自身も模索しているところだ。しかし、どんな困難も、春の訪れを信じてじっと耐えれば、必ず乗り越えられる。今回も私自身が健康でいられれば、きっと、突破口を見つけられると希望をもっている。

恵まれた庭「恵庭」から、私は世界中の人たちに向けてこう叫びたい。

老いも若きも、弱い人も強い人も、

みんなでいっしょに、満開の花を咲かせよう！

# 「あとがき」にかえて

ボツリヌス菌産生毒素の研究と、産学官連携のエミュー・プロジェクトの経験を、それぞれ一冊にまとめようと思い立ったことが、本書を書くきっかけでした。「渡部先生、それでは堅苦しい本になってしまうので、経験したままを時系列で書かれてはいかがですか？」と、編集を引き受けてくださった佐々木ゆりさんの助言がなければ、おそらくその二冊の冊子で終わっていたでしょう。

かっこよく生きたいと思いながらも、私の場合、理想と現実は常に平行線でした。また、その現実を赤裸々に語るのは、かなり勇気のいることでした。

活字にしなければ、自分自身の心の動き、心の歩みを客観視するための備忘録的なもので済んだでしょう。しかし、あえて恥ずかしさを捨てることにしました。

考えてみると、ボツリヌス菌産生毒素の研究も、地域活性化のエミュー・プロジェクトも、私生活や私を支えてくださった方々を抜きには語れません。学生も諸先生も、自治体の方々も、そのつど、真剣に取り組んでこられました。その日々の積み重ねが、たとえばエミューの場合は一四〇〇羽まで増え、エミューオイルを活用した化粧品が開発されるなど、雇用も生み出すという成果に発展しました。

北海道文教大学学長となった現在も、恵庭市という新たなフィールドで、産学官連携を進め、ぜひ、皆さまに「恵庭」を知っていただきたいと思っています。今回、鶴岡トシ先生と鶴岡新太郎先生、そして、半世紀にわたり学校法人鶴岡学園の経営・運営に尽力された鈴木武夫先生の熱い思いを引き継いだ私としては、決意表明の意味も込めて、このように書籍という形にしたほうが賢明かもしれないと、考えるに至りました。

そうやって散々迷った挙げ句、いざ書きはじめてみると、人生に迷いを抱えている、特に若い世代の方には、「人にはそれぞれの生き方があり、その人の役割がある」ということを感じてもらい、別にカッコ悪くたっていいのだと、気づいてもらえたらという思いで、筆をとりました。

ところが、活字にするという段階で、「やっぱり、止めよう」と、再び優柔不断な自分が顔をのぞかせます。そこで友人に読んでもらったところ、「悪くないのでは？」という後押しもあって、ようやく決心したというのも、私らしかったのかもしれません。仕事においては即断即決で進めてきたというのに、この相反する部分も、また、自分なのです。

私は、成功したいと思いながら失敗をくり返し、素晴らしい学者になりたいと思いながら、そうはなれませんでした。それでも生きていかないといけない、前に進んでいかなければならない。自分らしく生きようとすれば困難も伴いますが、誰かが助けてくれるものです。

人生に正解などありません。ですから、学生や周囲の若い職員、かつての教え子たち、自分の子どもたちには、

「きっとうまく生きていけるよ」

「君たちは、自分らしく生きてほしい」

「どんな人にも、それぞれの人生の役割があるんだよ」

と、私自身が学んだことを伝えてきた（伝えていく）つもりです。

もっともっと自分のことを好きになって、自分が感じたこと、気づいたことはどんな困難があっても積極的に、果敢に進むことが大切だと思います。そしてなによりも、感謝して生きることとです。

ホノルルをエピソードに出しましたが、人生は数十年間続くマラソンなのかもしれません。フルマラソンを約一〇時間で完走した私の場合、この六八年で、およそ二五〇〇万キロ

も走ってきたことになります。つまり、地球を六二周〜六三周分移動したくらい長い道のりのです。当然、よいときもあれば、悪いときもあります。それが人生なのだから、自分の好きなことをやり、自分らしく生きられるモノやコトに出会うまで探し続けることが大事だと思います。そうすれば、きっと助けてくれる人や感動できることに出会い、希望が見えてくるでしょう。

末筆ながら、この本を読んでいただいた皆さまに、また、今まで私と関わってくださった全ての皆さまに、深く感謝申し上げます。さらに、この本に登場していただいた方々だけでなく天国に旅立った妻や井上先生をはじめ、恩師の方々にも、感謝の思いが伝わりますよう祈っております。

本書に登場していただいた方々には、この場をお借りして、勝手に登場させてしまいましたことを、お詫び申し上げますとともに、お許し願います。

「渡部〜、おまえ、また暴走して。おまえは、死ぬまでフルマラソンだ！」

また、ゴッドファーザーからお叱りを受けそうです。

## 著者プロフィール

渡部俊弘（わたなべ　としひろ）

1952年、北海道生まれ。1979年3月、東京農業大学大学院農学研究科農芸化学専攻、修士課程修了。博士（農芸化学）。学校法人鶴岡学園北海道栄養短期大学に就職。助手、講師を経て、1989年4月より東京農業大学生物産業学部食品科学科就職。講師、助教授、教授を経て、2014年4月より、東京農業大学副学長及び学校法人東京農業大学評議員へ就任。2015年4月、学校法人東京農業大学理事へ就任。（2018年3月、定年退職。）同年4月、学校法人鶴岡学園北海道文教大学学長に就任。エミュー鳥の地域おこし活動では2007年4月より㈱東京農大バイオインダストリー代表取締役社長を兼任。2008年2月より、「第1回大学は美味しい！」フェアの実行委員長として大学発商品の紹介・展示・販売を企画。同年7月より、「あばしり元気再生エミュープロジェクト推進協議会」会長を兼任し、『笑友（エミュー）』で再生！　あばしり元気プロジェクトの指揮をとる。2011年4月より、㈱東京農大バイオインダストリー代表取締役社長を退任し、取締役に就任。ボツリヌス研究では、研究活動にて2005年4月より、科学科研費補助金（基盤研究（B)）「ボツリヌス毒素蛋白複合体を改変した蛋白ペプチドの革新的薬物送達システムの構築」共同研究者として。2010年4月より、科学科研費補助金（基盤研究（C)）「腸管上皮細胞に存在するボツリヌス毒素受容体タンパク質の同定」研究代表者として。2015年4月より、科学科研費補助金（基盤研究（C)）「ボツリヌス食中毒の消化器傷害におけるボツリヌス毒素複合体無毒タンパク質の関与」研究代表者として。著書では、「バイオテクノロジーへの基礎実験」（共著、1992年、三共出版）、「食品理化学実験書：図・フローチャート方式で理解する」（共著、2000年、三共出版）、「新基礎食品学実験書」（共著、2007年、三共出版）、「パソコンで学ぶ元気で生きる健康科学　栄養・運動・ストレッチ」（共著、2011年、三共出版）、「企業と学ぶ化粧学」（共著、2015年、三共出版）、「生物産業学のフロンティア」（共著、2015年、三共出版等。

# 人とつながる「笑いと涙」の40年
## 恵庭で描く地方大学の
## プラットフォーム構想

---

2021年3月30日　初版発行

著作者　渡部俊弘

発行所　丸善プラネット株式会社

〒101-0051
東京都千代田区神田神保町2-17
電話(03) 3512-8516
http://planet.maruzen.co.jp/

発売所　丸善出版株式会社

〒101-0051
東京都千代田区神田神保町2-17
電話(03) 3512-3256
https://www.maruzen-publishing.co.jp/

---

編集協力／佐々木ゆり
組版／グラフマーケット
印刷・製本／大日本印刷株式会社

---

ISBN978-4-86345-481-1 C0037

Printed in Japan